Liebe Leserinnen und Leser,

Weihnachten ist für viele Kinder in Deutschland neben dem eigenen Geburtstag das größte Ereignis im Laufe eines Lebensjahres. In der Schule kann man gemeinsam die Vielfalt der Adventszeit erleben und Rituale, weihnachtliche Bräuche in Deutschland, Europa und der Welt kennenlernen.

In der Adventszeit: Die Adventszeit wird in der Schule meistens besonders (be)sinnlich begangen. Adventskalender mit Aufgaben aus verschiedenen Bereichen sind eine Möglichkeit, jeden Tag adventlich zu gestalten **(Rosemarie Schmidt, S. 17–30)**. Ein Adventskalender kann auch Anregungen zum sozialen Lernen enthalten. Durch kleine Übungen gehen die Kinder bewusster miteinander um **(Carola Fußwinkel, S. 12–16)**.

Rund um Weihnachten: Welche Bedeutung hat Weihnachten für uns und für die Schülerinnen und Schüler, fragt Ingrid Wiedenroth-Gabler **(S. 43–49)**. Durch das Herstellen einer Klappkarte mit einem selbst geschriebenen Rondell haben die Kinder die Möglichkeit, kreatives Schreiben und Basteln zu verbinden. Am Ende haben die Kinder ein wunderschönes Weihnachtsgeschenk, berichtet Gerd Cichlinksi **(S. 35–39)**.

Weihnachten in anderen Ländern: Weihnachtsbräuche anderer Länder können erarbeitet werden und europäische Weihnachtsspeisen werden zum Inhalt von Übungen im Deutschunterricht **(Marina Elbert, S. 71–72)**. Wir leben in einer multikulturellen Gesellschaft. Dieser Tatsache sollte auch im Unterricht Rechnung getragen werden, zum Beispiel durch die Beschäftigung mit unterschiedlichen Weihnachtsbräuchen **(Gabriele Spohn, S. 75–82)**. Beim Einüben von Weihnachtsliedern lohnt es sich, über den Tellerrand zu schauen – zum Beispiel nach Brasilien –, meint Rainer Schmitt **(S. 102–104)**.

Adventskonzert, Krippenspiel und Theater: Für ein Adventskonzert kann zum Beispiel das Bilderbuch „Der kleine Stern" der Ausgangspunkt sein **(Bettina Maria Kreuzer, S. 105–106)**. Auch beim vorgestellten Krippenspiel liegt der Schwerpunkt auf der musikalischen Umsetzung. Die Geschichte wird fast ohne Worte erzählt – das Schauspiel der Geburt „Jesus" einmal anders inszeniert **(Andrea Nieswandt, S. 107–113)**. Für die Weihnachtsfeier suchen viele Kolleginnen und Kollegen nach geeigneten Theaterstücken. Drei geeignete Stücke werden vorgestellt: „Der Weihnachtstraum" von Katja Vau-Reichardt **(S. 107–113)**, „Als der Weihnachtsmann sein rechtes Ohr verlor" und „Weihnachtsmode" von Liane Kuhle **(S. 119–129)**.

Dieser Band bietet Ihnen vielfältige Anregungen für die Weihnachtszeit in der Schule. Beim Ausprobieren wünsche ich Ihnen viel Freude und Erfolg!

Herzlichst, Ihre

Uschi Pein-Schmidt

INHALT

IN DER ADVENTSZEIT

Klasse 1
MAREN SAAM

6 Advent im Werkstattunterricht eines ersten Schuljahres

Die Kinder eines ersten Schuljahres erleben die Vielfalt der Adventszeit in einer fächerübergreifenden Adventswerkstatt.

Klasse 1–4
CAROLA FUSSWINKEL

12 Adventskalender – einmal anders

Soziales Lernen in der Vorweihnachtszeit

Der Adventskalender enthält Anregungen zum sozialen Lernen. Durch viele kleine Übungen gehen die Kinder bewusster miteinander um – eine Alternative zu Kalendern mit kleinen Geschenken oder Süßigkeiten.

Klasse 1–4
ROSEMARIE SCHMIDT

17 Alle Jahre wieder …

Drei alternative Adventskalender

Die Adventszeit ist eine schöne Zeit, die auch in der Schule besonders begangen werden soll. Adventskalender mit Aufgaben aus verschiedenen Bereichen sind eine Möglichkeit, jeden Tag adventlich zu gestalten.

RUND UM WEIHNACHTEN

Klasse 1
SILKE RAUSCHER

31 Nikolaustag

Der Schulvormittag steht ganz im Zeichen des Nikolaus. Auf diese Weise wird den Kindern der erste „Nikolaus" in der Schule leicht gemacht.

Klasse 4
GERD CICHLINSKI

35 Das Weihnachtsrondell

Kreatives Schreiben auf einer selbst gestalteten Klappkarte

Durch das Basteln einer Klappkarte mit einem selbst geschriebenen Rondell haben die Kinder in der Weihnachtszeit die Möglichkeit, kreatives Schreiben und Basteln zu verbinden. Am Ende haben die Kinder ein wunderschönes Weihnachtsgeschenk.

Klasse 2
GERD CICHLINSKI

40 Die Olchis feiern Weihnachten

Schon immer haben Lehrkräfte Inhalte gesucht, die für Kinder das Lesen zur Freude werden lassen. Die Olchi-Familie von Erhard Dietl bietet eine solche Gelegenheit. Kinder im zweiten Schuljahr können sich mit den Figuren identifizieren und auseinandersetzen – zum Beispiel durch das Gestalten eines Freundschaftsbuchs.

Klasse 3–4
INGIRD WIEDENROTH-GABLER

43 Weihnachten zwischen Kommerz, Kultur und Christuskind

Weihnachten steht ganz am Anfang des Winters. Welche Bedeutung hat das Fest für uns und für die Schülerinnen und Schüler?

Klasse 1–2
SUSANNE BRESSER & JÜRGEN BANSCHERUS

50 Spaß am Lesen und Schreiben mit einer Lesewerkstatt

Die Freude am Lesen und Schreiben soll mithilfe einer differenzierten Lese- und Schreibwerkstatt gefördert werden.

WEIHNACHTEN IN ANDEREN LÄNDERN

Klasse 3–4
MARINA ELBERT

71 Weihnachten hier und anderswo

Warum immer nur vorweihnachtliches Basteln, Backen oder Singen? Weihnachtsbräuche anderer Länder können in Expertenteams erarbeitet werden und europäische Weihnachtsspeisen eignen sich als Inhalt von Übungen im Deutschunterricht.

Klasse 3
PETRA MARIA WEBER

73 Zur Weihnacht man in aller Welt …

Rund um fremde Weihnachtsbräuche drehten sich die Geschichten, Lieder und Sachtexte, die die Kinder einer dritten Klasse kennenlernten. Den Höhepunkt dieser vorweihnachtlichen Beschäftigung bildete eine Aufführung auf dem Weihnachtsmarkt.

Klasse 3–4

GABRIELE SPOHN

75 Unterschiede wahrnehmen – Gemeinsamkeiten erkennen

Wir leben in einer multikulturellen Gesellschaft. Dieser Tatsache sollte durch einen angemessenen interkulturellen Unterricht und multikulturelle Erziehung Rechnung getragen werden – zum Beispiel durch die Beschäftigung mit unterschiedlichen Weihnachtsbräuchen.

Klasse 1–4

DOROTHEE ARNOLD

83 Le Noël de Louise et Luc

Louise und Luc feiern Weihnachten

Mithilfe einer Bildergeschichte zur Weihnachtszeit erweitern die Schülerinnen und Schüler ihren französischen Wortschatz. Die Geschichte kann in allen Klassenstufen der Grundschule eingesetzt werden.

Klasse 3–4

BARBARA SHATLIFF

92 Getting into the Spirit of an English Christmas

Weihnachten ist ein zentrales Ereignis für Kinder und ist sicher neben dem Geburtstag das größte Ereignis im Laufe eines Lebensjahres. Dies gilt auch in englischsprachigen Ländern. So bietet es sich geradezu an, sich mit den Weihnachtsbräuchen und Traditionen englischsprachiger Länder zu beschäftigen.

Klasse 1–2

GABRIELE LINDEMER

98 Rudolph, the Red Nosed Reindeer

Am letzten Schultag vor den Weihnachtsferien spielen 23 Erstklässler die Geschichte von Rudolf, dem Rentier mit der roten Nase, für über 300 Zuschauer …

Klasse 1–4

RAINER SCHMITT

102 Ein brasilianisches Weihnachtslied

Es muss nicht immer „Oh, du fröhliche" oder „Alle Jahre wieder" sein. Beim Einüben von Weihnachtsliedern lohnt es sich, auch mal über den Tellerrand zu schauen – zum Beispiel nach Brasilien.

ADVENTSKONZERT, KRIPPENSPIEL UND THEATER

Klasse 3–4

BETTINA MARIA KREUZER

105 Der kleine Stern

Eine Weihnachtskantate

Für das Adventskonzert unserer Grundschule sollte die Musik-AG einen Beitrag bringen. Ausgangsmaterial war das Bilderbuch „Der kleine Stern".

Klasse 1–4

ANDREA NIESWANDT

107 Ein musikalisches Krippenspiel

Eine Geschichte fast ohne Worte erzählen können – das Schauspiel der Geburt „Jesus" einmal anders inszeniert. Der Schwerpunkt bei dem Krippenspiel liegt auf der musikalischen Umsetzung. Nicht die Dialoge der Figuren, sondern der Einsatz von Gesang und Instrumenten ist entscheidend.

Klasse 3–4

KATJA VAU-REICHARDT

114 Der Weihnachtstraum

Ein Theaterstück frei nach Motiven aus dem Ballett „Der Nussknacker"

Für die Weihnachtsfeier suchen viele Kolleginnen und Kollegen noch nach einem geeigneten Theaterstück für eine Aufführung. „Der Weihnachtstraum" könnte die Lösung sein.

Klasse 1–4

LIANE KUHLE

119 Als der Weihnachtsmann sein rechtes Ohr verlor

Ein Theaterstück

Klasse 1–4

LIANE KUHLE

126 Weihnachtsmode

Ein Theaterstück

Mit dem Erwerb dieses Sammelbandes ist von Ihnen eine Gebühr entrichtet worden, die Sie zur Vervielfältigung der hierin enthaltenen Kopiervorlagen für den eigenen Unterrichtsgebrauch in der jeweils benötigten Anzahl berechtigt. Eine weitergehende Verwendung ist nur mit vorheriger und ausdrücklicher Einwilligung durch die Bildungshaus Schulbuchverlage GmbH, Braunschweig zulässig.

IN DER ADVENTSZEIT

MAREN SAAM

Advent im Werkstattunterricht eines ersten Schuljahres

Die erste Adventszeit in der Schule ist spannend.

Die Kinder eines ersten Schuljahres erleben die Vielfalt der Adventszeit in einer fächerübergreifenden Adventswerkstatt.

Die Adventszeit ist für Kinder und Erwachsene schön, aber auch häufig stressig – auch in der Schule: Geschenke für die Eltern werden gebastelt, eine Aufführung für die Weihnachtsfeier wird mit der Klasse eingeübt, der Schulgottesdienst wird mit den Kindern vorbereitet usw.

Um diese Zeit mit meiner ersten Klasse trotz vieler Vorhaben noch genießen zu können, habe ich eine ausführliche fächerübergreifende Adventswerkstatt durchgeführt. Mit der Adventswerkstatt hatte ich mir Freiräume in zweierlei Hinsicht geschaffen. Zum einen wird eine Werkstatt im Voraus geplant, was zwar zunächst etwas mehr Arbeit bedeutet, aber wenn sie läuft, Entlastung in Bezug auf Unterrichtsvorbereitungen bringt. Zum anderen hat man während der Werkstattstunden Zeit, sich in Ruhe einzelnen Kindern oder Kindergruppen zu widmen, um bei Lernschwierigkeiten zu helfen, aber auch um für die Weihnachtsfeier, den Schulgottesdienst o. Ä. zu üben. Dies ist in Kleingruppen stressfreier als mit der gesamten Klasse.

Unsere Adventszeit

Die Adventszeit mit meiner ersten Klasse verlief nach festgelegten Ritualen, um diese Zeit mit den Kindern möglichst besinnlich zu gestalten. Wenn die Kinder die Klasse betraten, brannten auf ihren Plätzen bereits die Teelichter ihrer selbst gebastelten Tischlaternen. Wir begannen den Schulmorgen mit einem Stuhlkreis rund um den Adventskranz. Die Kinder erzählten von ihren Erlebnissen des vergangenen Nachmittags, dann lasen wir eine Geschichte unseres Adventskalenders vor und jeden Morgen wurde per Los ein Kind ermittelt, das ein Päckchen aus unserer Adventskalender-Kiste ziehen durfte. Nach diesem Ritual begannen wir mit dem gemeinsamen Unterricht oder der individuellen Arbeit mit der Adventswerkstatt.

Aufgaben der Adventswerkstatt

Die Adventswerkstatt enthält Aufgaben aus den verschiedenen Fächern und berücksichtigt auch verschiedene Teilbereiche der einzelnen Fächer.

Sprache
- Adventswörter:

Die Kinder sollen in Lückenwörter die fehlenden Vokale einsetzen (siehe S. 8). Dabei wird ein erstes Nachdenken über die Schreibweise von Wörtern angebahnt.
- Schüttelwörter:

Die Kinder sollen die Schüttelwörter richtig aufschreiben (siehe S. 8). Hierbei wird die Reflexion über die Rechtschreibung gefördert.
- Freies Schreiben zu Bildern:

Die Kinder sollen zu vorgegebenen Bildern die entsprechenden Wörter mit Hilfe der Anlauttabelle aufschreiben.
- Briefe an das Christkind:

Als weitere Aufgabe zum Freien Schreiben mit hohem Motivationsgehalt haben die Kinder Briefe an das Christkind in Engelskirchen geschrieben. Von dort bekamen die Kinder rechtzeitig vor Weihnachten Antwortbriefe.

- Kreuzworträtsel:

Die Kinder schreiben die Wörter zu den passenden Bildern in das Rätsel (siehe S. 9) zur Förderung des sinnentnehmenden Lesens.

- Lese-Mal-Blatt:

Die Kinder lesen die Sätze und setzen das Gelesene durch Malen um (siehe S. 10). Hierbei wird das sinnentnehmende Lesen gefördert, und die Lehrkraft hat eine direkte Kontrolle, ob der Inhalt richtig verstanden wurde.

- Wort-Bild-Zuordnung:

Zur weiteren Förderung des sinnentnehmenden Lesens sollen die Kinder Wörter ausschneiden, lesen und zu den entsprechenden Bildern kleben (siehe S. 11).

- Anlauttannenbaum:

Der Tannenbaum (siehe S. 9) hat Kugeln mit Buchstaben. Die Kinder schneiden die Bilder der Seite aus und kleben sie ihrem Anlaut entsprechend auf die Buchstabenkugeln.

Mathematik

- Christbaumkugeln mit Muster:

Auf den Christbaumkugeln sind Muster angefangen, die die Kinder erkennen und fortsetzen sollen (siehe S. 11).

- Sternenspiel:

Es spielen immer zwei Kinder zusammen. Jedes Kind bekommt zehn kleine Sterne aus Pappe. In einem Kästchen befinden sich Karten mit Rechenaufgaben des gerade aktuellen Lernstoffes. Die Kinder ziehen abwechselnd eine Karte, legen diese in die Mitte und rechnen die Aufgabe aus. Wer das Ergebnis zuerst sagt, bekommt einen Stern vom Gegner. Gewonnen hat, wer zuerst 15 Sterne hat.

Kunst

- Mandala-Fensterbilder:

Die Kinder malen mit Buntstiften Adventsmandalas aus. Die bemalten Mandalas werden mit Speiseöl eingepinselt. Wenn sie getrocknet sind, hängt man sie ans Fenster und hat leuchtende Fensterbilder.

Sachunterricht

- Riech-Paarspiel

In leere Filmdöschen (gibt es kostenlos im Fotogeschäft) werden verschiedene weihnachtlich duftende Zutaten gefüllt und jeweils mit Watte abgedeckt, sodass sie nicht mehr zu sehen sind. Es eignen sich z. B. Zimt, Zitronenaroma, Marzipan, Tannennadelduft, Nelken. Jeweils in zwei Filmdöschen kommt der gleiche Duftstoff. Die Kinder müssen durch Riechen die gleichen Döschen herausfinden. Klebepunkte in verschiedenen Farben auf dem Boden der Filmdöschen ermöglichen die Selbstkontrolle.

- Advents-Fühlkisten:

Aus Pappkartons habe ich Fühlkisten gebaut, in die ich Tannenzweige, Tannenzapfen, Pappsterne, Kerzen, Schleifenband u. Ä. gepackt habe. Die Kinder sollten durch Fühlen die Gegenstände erraten und konnten anhand eines Bildes auf dem Kistenboden ihr Ergebnis kontrollieren.

- Advents-/Weihnachtsbräuche in anderen Ländern:

In meiner Klasse hatte ich viele Kinder aus anderen Ländern, die andere Weihnachtsbräuche kannten. Aber auch in den deutschen Familien gibt es sehr unterschiedliche Advents- und Weihnachtsbräuche. So sollten die Kinder die Bräuche ihrer Familien aufschreiben bzw. ein Bild dazu malen.

Die Kinder hatten viel Freude bei der Arbeit mit der Adventswerkstatt, und ein deutlicher Lernzuwachs in Bezug auf fachliche Lernziele und methodische Lernkompetenzen wurde erzielt. Unsere vielen Vorhaben, wie z. B. Einüben eines Theaterstücks für die Weihnachtsfeier, konnten ebenfalls realisiert werden. Ich fand diese Art der Adventszeit angenehm und weniger stressreich, als ich sie in den vergangenen Schuljahren empfunden habe.

Werkstattunterricht

Die Adventswerkstatt ist die zweite Werkstatt, die ich mit meiner ersten Klasse durchgeführt habe. Es ist aber auch möglich, mit der Adventswerkstatt die Werkstattarbeit als Unterrichtsform einzuführen.

- **Werkstattplan**

Jedes Kind bekommt einen Werkstattplan, auf dem alle Pflicht- und Wahlaufgaben individuell für die Kinder festgelegt sind.

- **Werkstattaufgaben**

Die Aufgaben werden in Ablagekörben gut zugänglich für alle Kinder in der Klasse ausgelegt. Die bearbeiteten Arbeitsblätter legen die Kinder in einen Korrekturkasten.

- **Lernhelferkinder**

Jede Aufgabe wird von einem Lernhelferkind betreut. Haben die Kinder Probleme mit einer Aufgabe, wenden sie sich zuerst an das jeweilige Lernhelferkind.

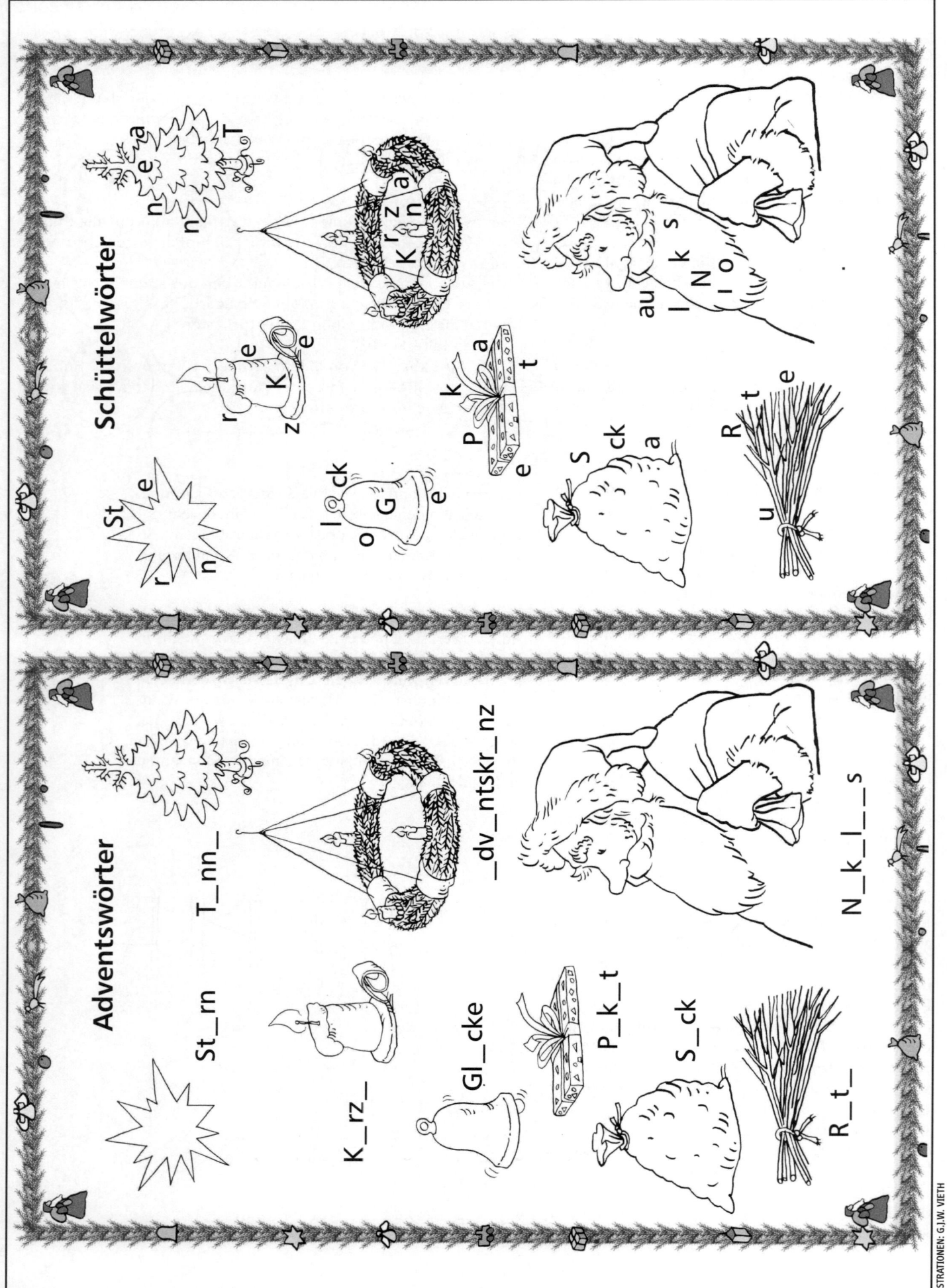

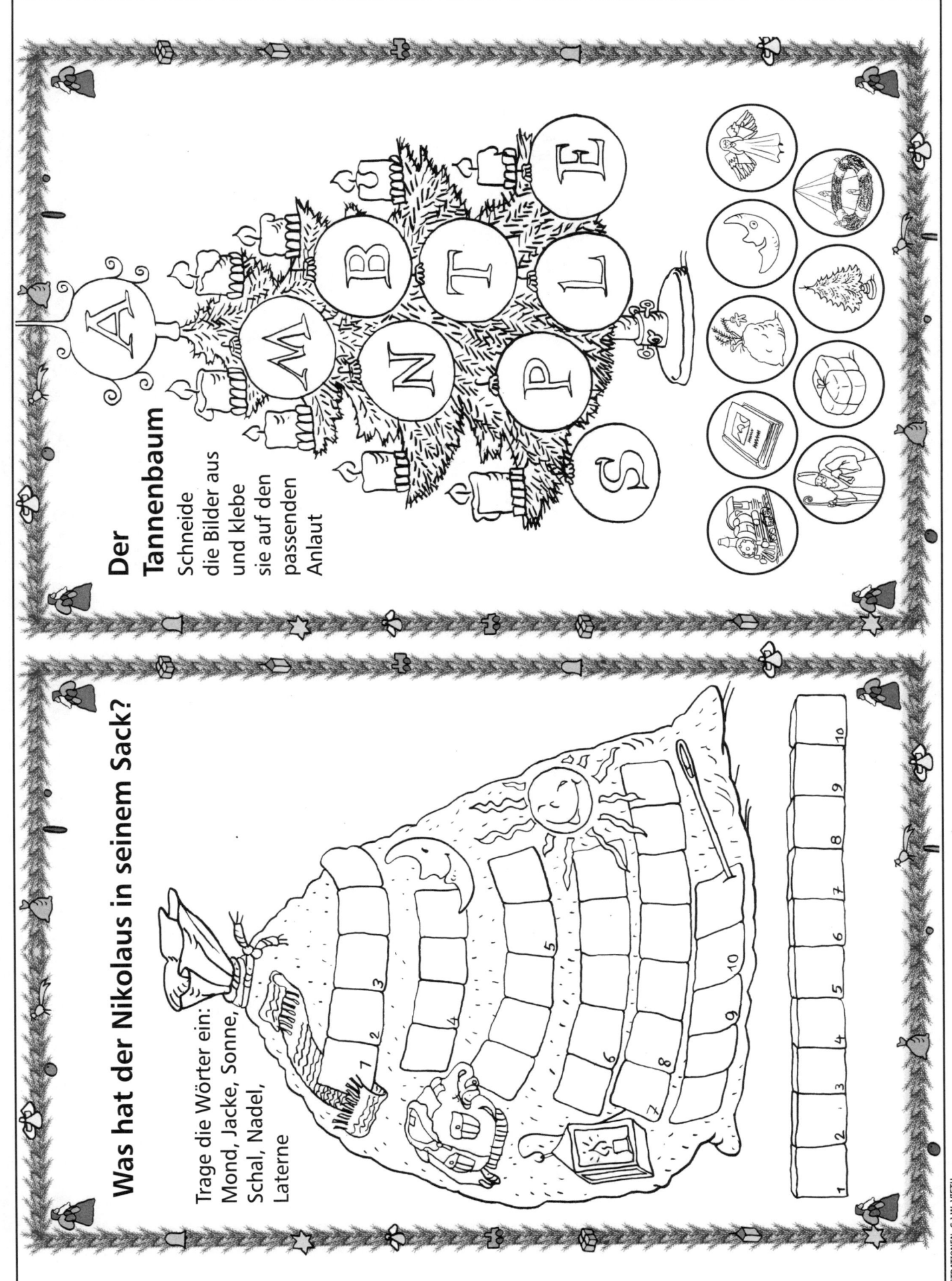

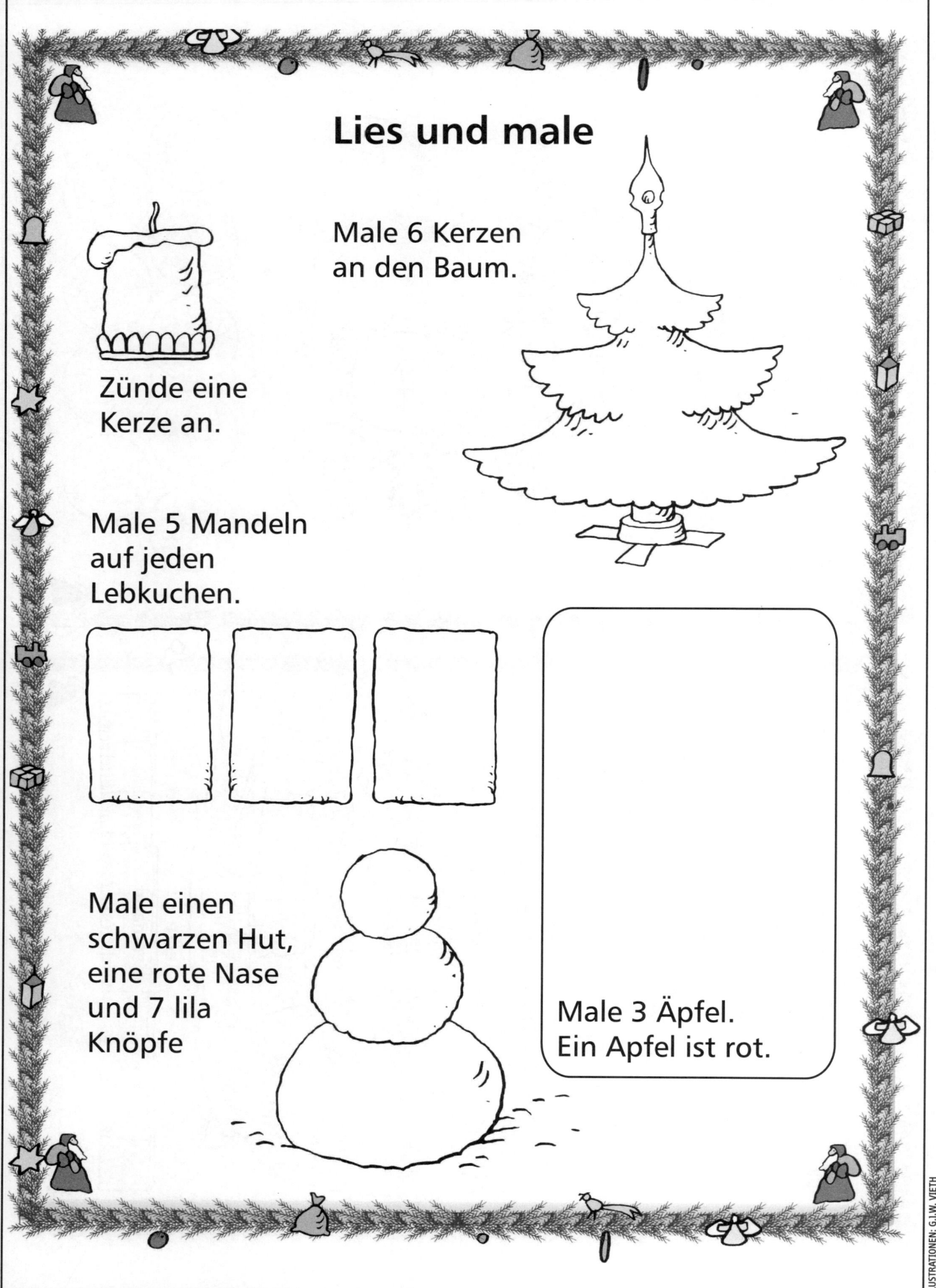

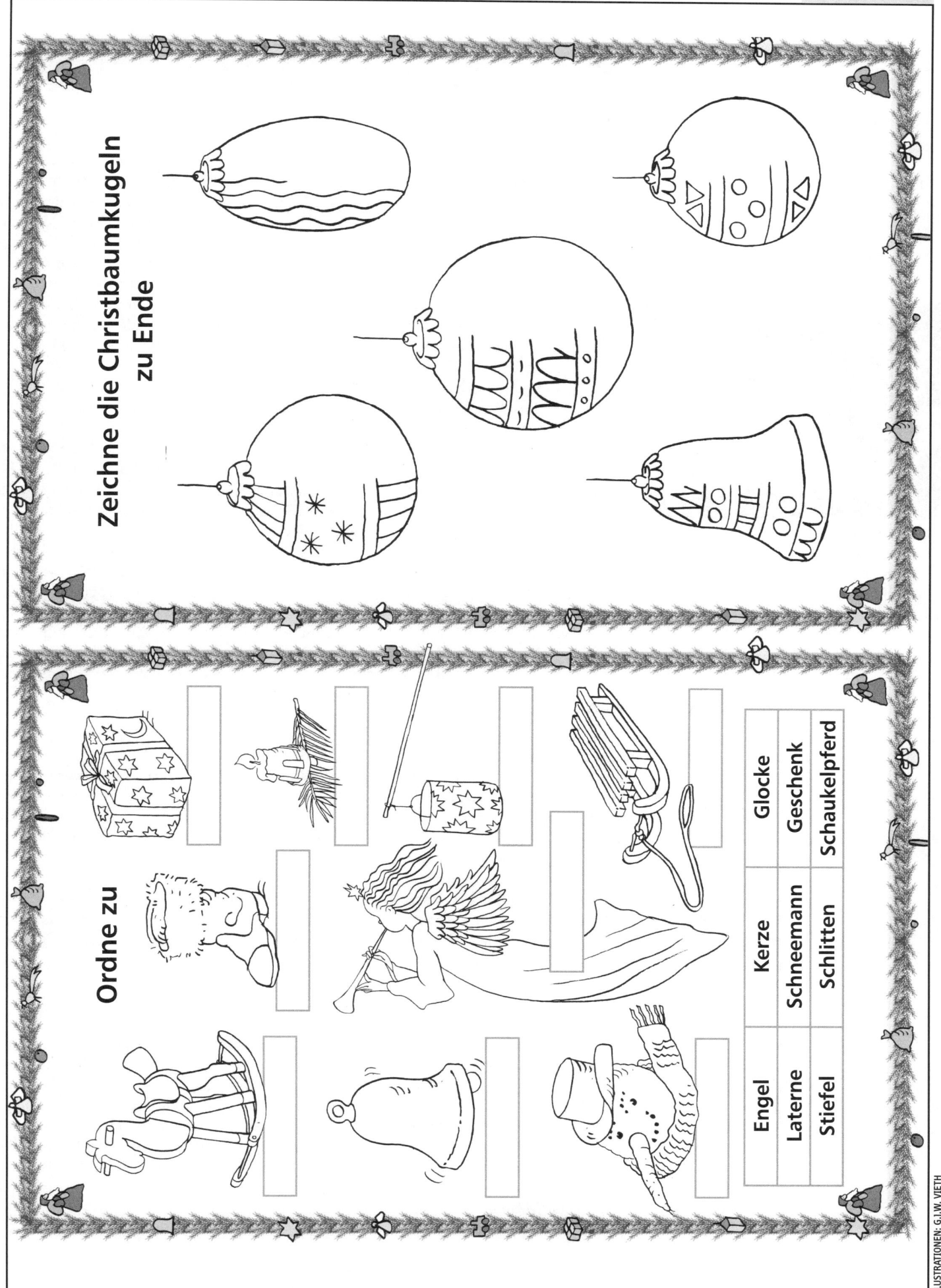

IN DER ADVENTSZEIT

CAROLA FUSSWINKEL

Adventskalender – einmal anders

Soziales Lernen in der Vorweihnachtszeit

Der Adventskalender enthält Anregungen zum sozialen Lernen. Durch viele kleine Übungen gehen die Kinder bewusster miteinander um – eine Alternative zu Kalendern mit kleinen Geschenken oder Süßigkeiten.

Der Adventskalender schmückt die Klasse und enthält besondere Aufgaben.
Foto: Carola Fußwinkel

Kleine Nikolausstiefel aus Filz, die die Kinder selbst genäht haben, schmücken jede Adventszeit unser Klassenzimmer. Einige Jahre habe ich die Stiefel als traditionellen Adventskalender genutzt. Jeden Tag durfte ein Kind die versteckte Süßigkeit aus einem Stiefel nehmen. Dabei habe ich beobachtet, dass die Kinder, die schon „dran" waren, schnell das Interesse verloren, andere, deren Name lange nicht ausgelost wurde, enttäuscht waren. Damit unser Adventskalender für alle Kinder jeden Tag spannend bleibt, hatte ich die Idee, die Stiefel mit Aufgaben zu spicken, die die ganze Klasse aktivieren und das soziale Lernen fördern.

Zum sozialen Lernen 24 Ideen

Die Aufgaben lassen sich vier Gruppen zuordnen: „Freundliches Miteinander", „Meditative Übungen", „Wir denken an andere", „Wir machen es uns gemütlich". Für jeden Tag wird eine Aufgabe in einen Stiefel gesteckt. Die Stiefel sind durchnummeriert, sodass ich die Reihenfolge der Aufgaben festlegen kann. Beispielsweise ist das Begrüßungsspiel (siehe Übung 1, S. 13) eine einfache Aufgabe, die dem Aufschreiben einer Freundlichkeit vorausgehen sollte. Für einige Aufgaben müssen auch Vorbereitungen getroffen werden, zum Beispiel zwei Schachteln einwickeln (siehe Übung 6, S. 13), eine Wasserschüssel bereitstellen (siehe Übung 7, S. 13) oder die Adventsfee einkleiden (siehe Übung 12, S. 13), sodass man wissen muss, hinter welchen Nummern sich diese Aufgaben verbergen. Jeden Tag durften ein oder zwei Kinder die Überraschung aus ihrem Stiefel vorlesen. So hatten sie gleich eine kleine Leseübung, bevor die ganze Klasse gemeinsam aktiv wurde. 10 bis 20 Minuten wollen wir uns täglich mit dem Kalender befassen, nur die Sternstunde dauert etwas länger.

Freundliches Miteinander

Die Aufgaben zum „freundlichen Miteinander" fördern den achtsamen Umgang der Kinder innerhalb der Klassengemeinschaft. Wir denken über nette Eigenschaften unserer Mitschüler nach und sagen oder schreiben sie auf (siehe Übung 1–2, S. 13). Wir machen uns die Wirkung eines Lächelns bewusst (siehe Übung 3–4, S. 13) und bemerken, wie ein gutes Wort Kreise ziehen kann (siehe Übung 7, S. 13). Dass man von der äußeren Erscheinung nicht immer auf die inneren Werte schließen kann, machen wir uns am Beispiel von zwei Geschenkschachteln deutlich. Eine hübsch verpackte Schachtel ist leer, während eine in Zeitungspapier gewickelte Schachtel eine kleine Überraschung für die Klasse enthält (siehe Übung 6, S. 13).

Meditative Übungen

Bei den meditativen Übungen kommen die Kinder gemeinsam zur Ruhe. Auch dies ist ein wichtiger Baustein für ein entspanntes Klassenklima. Die Sternstunde ist lange über die Adventszeit hinaus ein fester Bestandteil unseres Schulalltages geworden. Jedes Kind hat dabei die Gelegenheit, gute oder schlechte Erlebnisse im Kreis zu erzählen. Wird etwas Positives berichtet, hält das Kind dabei einen goldenen Stern in der Hand. Ist etwas Negatives zu berichten, wählt das Kind einen schwarzen Stern. Namensnennungen sollten bei negativen Berichten vermieden werden, um Bloßstellung vor der Klasse zu vermeiden. Wir freuen uns gemeinsam über die positiven Berichte und versuchen, für die Probleme Lösungen zu finden (siehe Übung 11, S. 14).

Wir denken an andere

Mit viel Eifer waren die Kinder dabei, wenn es galt, anderen eine Freude zu machen. Das Adventswichteln (siehe Übung 18, S. 15) war keine leichte Aufgabe. Sich anderen mitzuteilen, war wichtiger als die Geheimhaltung, aber alle hatten viel Spaß dabei.

Wir machen es uns gemütlich

Das Singen und Vorlesen (siehe Übung 21–24, S. 16) gehört in der Adventszeit selbstverständlich zum Schulleben, erhielt aber als Teil des Adventskalenders einen neuen Rahmen.

Wurden meine Erwartungen erfüllt?

Wie ich es mir gewünscht hatte, blieb unser Adventskalender für alle attraktiv. Nicht mehr die Frage „Wer ist heute der/die Glückliche?" stand im Vordergrund. Stattdessen hat die Frage „Was können wir heute gemeinsam Schönes tun?" das Gemeinschaftsgefühl gestärkt. Der überraschte Blick der Mathelehrerin und das Lied für den Hausmeister blieben in unserer Erinnerung.

▶ Literatur

Everett, Shirley/Steindorf, Lisa Carlone: Frieden lernen. Berlin 2004

Freundliches Miteinander

1. Begrüßungsspiel
Alle gehen durch den Raum.
Sage jedem, den du triffst, etwas Freundliches.

2. Wir sind alle Freunde
Alle Namen der Klasse werden auf Zettel geschrieben.
Ziehe einen Zettel mit einem Namen.
Schreibe etwas Nettes über dieses Kind.
Schenke dem Kind deinen Zettel.

3. Lächeln
Sieh dir die drei Bilder an.
Wie fühlst du dich, wenn du ein Lächeln siehst?
Wie fühlst du dich, wenn du selbst lächelst?
Wir wollen heute auf Lächel-Suche gehen.
Achte auf das Lächeln der anderen.

4. Verschenke ein Lächeln
Jedes Kind bekommt drei Gesichter.
Überlege, wem du ein Lächeln schenken möchtest.

5. Gerecht teilen
Jede Tischgruppe bekommt eine Schachtel mit Smarties.
Teilt sie gerecht auf.
Zu welcher Lösung kommt ihr?

6. Zwei Schachteln
In welcher Schachtel ist ein Geschenk?

7. Worte ziehen Kreise
Wir sitzen im Kreis. Wir beobachten die Wellen,
die ein kleiner Stein in einer Wasserschüssel auslöst.
Wir überlegen, dass sich ein gutes oder böses Wort ebenso weiter verbreitet.
Wir suchen nach einem guten Wort, das heute „Wellen schlagen" soll.

Meditative Übungen

8. Wir malen und lauschen
Jedes Kind erhält ein weihnachtliches Mandala.
Male es zu weihnachtlicher Musik aus.

9. Der Stille lauschen
Legt Arme und Kopf auf den Tisch.
Die Lehrerin lädt euch zu einer entspannenden
Gedankenreise in euren Körper ein.

10. Betrachte den Stern
Jedes Kind erhält einen kleinen phosphoreszierenden Stern.
Wir unternehmen eine Gedankenreise zu den glitzernden Sternen im All,
sehen unsere Erde als weit entfernten kleinen Punkt
und kehren zu ihr zurück.

11. Die Sternstunde
Überlege: Worüber hast du dich in der letzten Zeit
in der Schule gefreut oder geärgert?
Wenn du etwas Schönes erzählen möchtest, nimm den goldenen Stern.
Wenn du etwas Ärgerliches oder Trauriges erzählen möchtest,
nimm den schwarzen Stern.

12. Besuch der Adventsfee
Eine Adventsfee kommt zu Besuch.
Sie möchte mit uns den Zaubertrank der Freundlichkeit brauen.
Welche Zutaten kommen hinein?
Wir schreiben sie auf einen Zettel
und kleben sie auf den Zauberkessel.

Wir denken an andere

13. Sterne
Jedes Kind bekommt drei Stern-Aufkleber.
Einen Stern darfst du behalten, die anderen sollst du verschenken.
Überlege, wem du damit eine Freude machen könntest.

14. Adventsüberraschung für die Schulsekretärin
Wir überlegen, welche Aufgaben die Sekretärin für uns übernimmt.
Mit welchen Worten wollen wir ihr eine schöne Adventszeit wünschen?
Zwei Kinder überbringen die Wünsche und
einen Schokoladenweihnachtsmann in einem Stiefel.

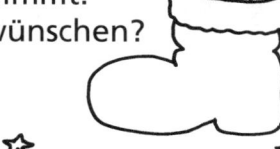

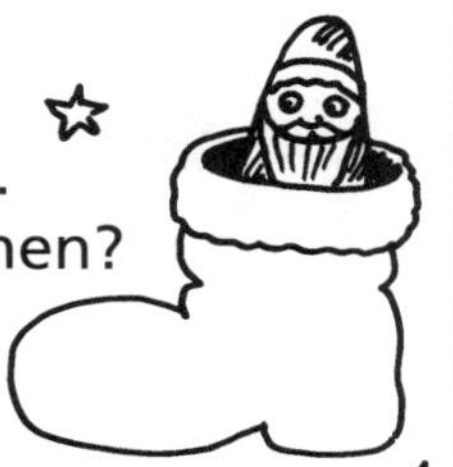

15. Adventsüberraschung für den Hausmeister
Wir gehen alle zum Hausmeister und singen ein Adventslied für ihn.
Welches Lied wollen wir singen?

16. Adventsüberraschung für unsere Mathematiklehrerin
Zu Beginn der Stunde sitzen wir alle auf unseren Plätzen
und singen ein Lied, wenn Frau ____________________ hereinkommt.
Welches Lied wollen wir singen?

17. Wir malen und schreiben eine Adventskarte
Schreibe einen Adventsgruß an
- die Partnerklasse
- dein Patenkind der Schule
- den Kindergarten
- …

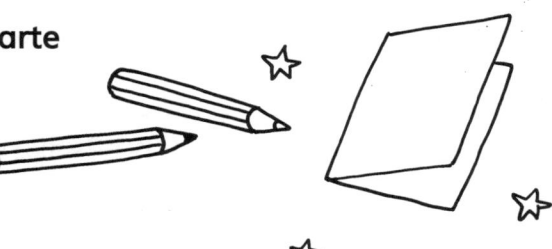

18. Adventswichtel
Adventswichtel bereiten heimlich anderen eine kleine Freude.
Wir wollen alle Adventswichtel sein.
Wir schreiben unsere Namen auf Zettel und ziehen jeder einen Namen.
Diesem Kind bereiten wir eine kleine Freude – möglichst heimlich.

ILLUSTRATIONEN: ELKE PETERSEN

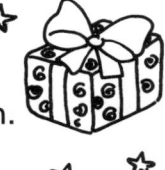

Wir machen es uns gemütlich

19. Igel- oder Tennisball-Massage
Suche dir einen Partner für eine Massage.
Ein Kind setzt sich bequem hin.
Der Partner rollt den Ball über Arme, Schultern und Rücken.
Dann wechseln wir.

20. Plätzchen backen – Partnermassage
Suche dir einen Partner für eine Massage.
Ein Kind legt Arme und Kopf auf den Tisch.
Das andere „backt" auf seinem Rücken Weihnachtsplätzchen:
- Teig kneten
- Teig ausrollen
- Plätzchenformen ausstechen
- in den Ofen schieben
- ...
Dann wechseln wir.

21. Wir singen Adventslieder

22. Wir singen Weihnachtslieder

23. Die Lehrerin liest uns eine Adventsgeschichte vor

24. Die Lehrerin liest uns eine Weihnachtsgeschichte vor

Alle Jahre wieder ...

Rosemarie Schmidt — Drei alternative Adventskalender

Die Adventszeit ist eine schöne Zeit, die auch in der Schule besonders begangen werden soll. Adventskalender mit Aufgaben aus verschiedenen Bereichen sind eine Möglichkeit, jeden Tag adventlich zu gestalten.

Alle Jahre wieder tauchen dieselben Überlegungen auf: Welchen Adventskalender bastele, nehme, übernehme ich dieses Jahr? Soll ich den vom vergangenen Jahr wieder nehmen? Der war so praktisch: 24 kleine, farbige, selbst genähte Säckchen wurden an einer dicken Kordel im Klassenraum aufgehängt und mit Süßigkeiten gefüllt. Oder: 24 Überraschungen sind schnell besorgt: Mal einen Radiergummi, mal einen Bleistift, mal dies, mal das ... Nein! Nicht schon wieder. Die Kinder sind nicht mehr dieselben Kinder wie vor 25 Jahren, als ich Lehrerin wurde und zum ersten Mal meinen Dienst antrat.

Die Kinder sind heute teilweise übersättigt – ich merke es an meinen eigenen. Sie bekommen zu Hause Adventskalender, teilweise aufwändig gefüllt mit Geschenken, mit Gutscheinen, mit Süßem, ... Sie bekommen – und erwarten (?) – innerhalb von sechs Wochen eine große (von Schule zu Schule verschiedene) St. Martinstüte, am 1. Dezember ihren Adventskalender, in dem sie jeden Tag eine Kleinigkeit erhalten, am 6. Dezember gefüllte Nikolausstiefel und nicht zu vergessen die Bescherung am 24. Dezember.

Was sollen wir in der Schule da noch „draufsetzen"? Können wir als Klassenlehrer dieser Erwartungshaltung gerecht werden? Es ist schwer. Zum einen möchten wir in unseren Klassen natürlich auch eine „schöne" Adventszeit mit unserer Klasse erleben. Zum anderen ist es gar nicht so leicht, mit anderen Dingen Freude zu vermitteln.

Und so kamen meine Kollegin* und ich zu folgendem Entschluss: Einen Adventskalender kann man ja mal mit anderen Dingen „füllen". Und so entstand eine Weihnachtskartei (siehe S. 19–30), die in verschiedenen Adventskalendern ihren Platz fand.

Wir stellten Aufgaben aus den Bereichen freies Schreiben, Basteln, Backen und textiles Gestalten zusammen, die in abwechslungsreicher Reihenfolge bearbeitet werden sollten. Ein besonderes Problem stellte sich bei den schulfreien Tagen im Dezember. Grundsätzlich gibt es zwei Möglichkeiten. Die Aufgaben können entweder vor- bzw. nachträglich in der Klasse erledigt werden. Oder die Kinder erhalten die entsprechenden Karten kopiert in einem Umschlag mit nach Hause und bearbeiten die Aufgaben dort auf freiwilliger Basis. Es wurden offene Aufgabenstellungen, wie Briefe ans Christkind oder Wunschzettel schreiben, für diese Tage ausgewählt. Außerdem leichte Bastelarbeiten, die wenig Material brauchen, das eventuell den Umschlägen beigelegt werden kann. Ansonsten befinden sich auf den Samstags- und Sonntagskarten Geschenktipps, die die Kinder anregen sollen, Geschenke selbst zu basteln.

Wie diese Kartei den Schülerinnen und Schülern präsentiert wird, kann man sich selbst aussuchen. Drei mögliche Formen werden im Folgenden vorgestellt.

Der Sternenbaum

Meine Kollegin bastelte als Kalender 24 goldene doppelte Sterne, in die die Karten gesteckt wurden. Alle Sterne wurden an einem Tannenstrauß aufgehängt. An jedem Morgen wurde ein Stern geöffnet und die Aufgabe für den jeweiligen Tag heraus-

IN DER ADVENTSZEIT

genommen und vorgelesen. Der geöffnete Stern wurde zurück an die Tannenzweige gehängt. So blieb der Strauß mit den goldenen Sternen bis zum Schluss eine hübsche Klassendekoration.

Weihnachtswerkstatt

Ich hatte mich gegen einen Adventskalender entschieden. Ich wollte die Adventszeit einmal anders gestalten. Deshalb bot ich meinem vierten Schuljahr eine Weihnachtswerkstatt an.

Die Kinder konnten jeden Tag während einer bestimmten Zeit – meist eine Doppelstunde – an dieser Weihnachtswerkstatt arbeiten. Manchen Schülern bot ich an, ein Weihnachtsbuch zum Verschenken auszuarbeiten, wenn ich sah, dass sie sich intensiv mit dem Bereich freies Schreiben beschäftigten. Jeder Schüler hatte am Ende mindestens ein Geschenk für Freunde, Eltern, ... hergestellt.

Im Nachhinein stellte ich fest: Auch wenn kein Adventskalender unsere Klasse schmückte – in den Jahren zuvor war immer einer in der Klasse aufgehängt –, so waren meine Schülerinnen und Schüler selten so motiviert wie innerhalb dieser knapp vier Wochen.

Ein etwas anderer Tannenbaum

Weihnachts-ABC-Kalender

- A: Adventslaterne (basteln)
- B: Bratapfel (backen)
- C: Christkind (Wunschzettel schreiben)
- D: Drucken (eine Weihnachtskarte)
- E: Elfchen schreiben
- F: Frühstück (gemeinsames adventliches Frühstück)
- G: Geschenkpapier (selbst herstellen)
- H: Hexenhäuschen (backen)
- I: Iglu
- J: Julboch (erzählen, wie die Schweden Weihnachten feiern)
- K: Kette (für den Weihnachtsbaum aus Goldpapier basteln)
- L: Lichterhäuschen (basteln und im Wasser auf die Reise schicken)
- M: Mandala (ausmalen, eventuell selbst entwickeln)
- N: Nikolausstiefel (basteln oder nähen)
- O: „Oh du fröhliche", „O Tannenbaum" (Lieder mit Instrumenten spielen)
- P: Päckchen, z. B. Wichtelgeschenke auspacken
- Q: Quark-Öl-Teig-Weihnachtsmäuse (backen)
- R: Räuchermännchen
- S: Sterne (basteln)
- T: Tannenbaum (basteln)
- U: Unsere Wünsche (schreiben)
- V: Vorweihnachtszeit (Geschichten vorlesen)
- W: Weihnachtsstern (basteln)
- Z: Zapfen von Kiefern (golden besprühen)

Die Klasse merkte, dass alle Aufträge auf Advent und Weihnachten abgestimmt waren und hatten dadurch das Gefühl, eine besondere Zeit zu erleben.

Trotzdem gab es morgens das „Adventsvorlesestündchen", die Viertelstunde, mit der jeder Tag begann.

Der Dosentannenbaum

Für das erste Schuljahr kam mir die Idee eines Weihnachts-ABC-Adventskalenders. Ich besorgte mir 24 bunte – unterschiedlich große – Dosen. Auf jeden Dosendeckel klebte ich einen Buchstaben des ABC.

Gestellt – man kann sie auch kleben – wurden die Dosen wie ein Weihnachtsbaum. Man öffnet die erste Dose mit dem Buchstaben A und in der Dose befindet sich ein A = Adventslaterne. Die Kinder wissen also: Heute basteln wir eine Adventslaterne.

Die Schüler öffnen jeden Tag eine Dose, bis sie schließlich an der Tannenbaumspitze bei W = wie Weihnachtsstern angelangt sind.

Am schönsten ist es für die Erstklässler, wenn in jeder Dose das, was an dem jeweiligen Tag gemacht werden soll, als fertiges Exemplar zu sehen, zu fühlen, zu schmecken ... ist – soweit dies möglich ist.

Man könnte auch hingehen, die Dose öffnen lassen und das jeweilige Kind, das eine Dose öffnen darf, mit verbundenen Augen fühlen lassen.

Im Kasten links werden Vorschläge zum Weihnachts-ABC vorgestellt. Sie stimmen zum Teil mit denen aus dem Adventskalender der Seiten 19–30 überein, mussten natürlich an das Niveau der Kinder angepasst werden. Bei den Buchstaben X und Y musste ich passen, was jedoch gut ist, da so die verbleibenden 24 Buchstaben mit den 24 Tagen eines Adventskalenders übereinstimmen.

Ich habe das ABC nicht der Reihe nach, sondern so gelegt, wie ich an bestimmten Tagen eine Aktivität in der Klasse plante. So kam der Buchstabe N = Nikolausstiefel selbstverständlich am 6. Dezember vor.

Der Erfolg der Weihnachtswerkstatt bzw. die Arbeit mit Arbeitsaufträgen in Adventskalendern hängt von einer guten Organisation ab, vor allem was den Bereich Backen und Basteln betrifft. Als Lehrender muss man wissen, an welchem Tag welche Aufgabe dran war. Man sollte dann also spätestens an diesem Tag das benötigte Material besorgt haben.

Die Vorschläge und Aufgaben sollen nicht nur als alternative „Adventskalenderfüllung" gesehen werden. Vielmehr kann man sie als Weihnachtskartei aufbewahren und wieder verwenden oder als Anregungen nutzen.

Auch wenn in unseren Adventskalendern kein Geschenk und nichts Süßes versteckt war, so waren unsere Schülerinnen und Schüler ungemein erfreut über die Art, einmal anders während der Adventszeit zu „arbeiten" und alle erlebten eine sehr schöne Zeit.

---

* Die Aufgaben des Kartei-Kalenders wurden von *Rosemarie Schmidt* und *Astrid Bühl* zusammengestellt.

1. Dezember

Nähe ein Nikolaussäckchen.

Du brauchst zwei Stücke Jute.

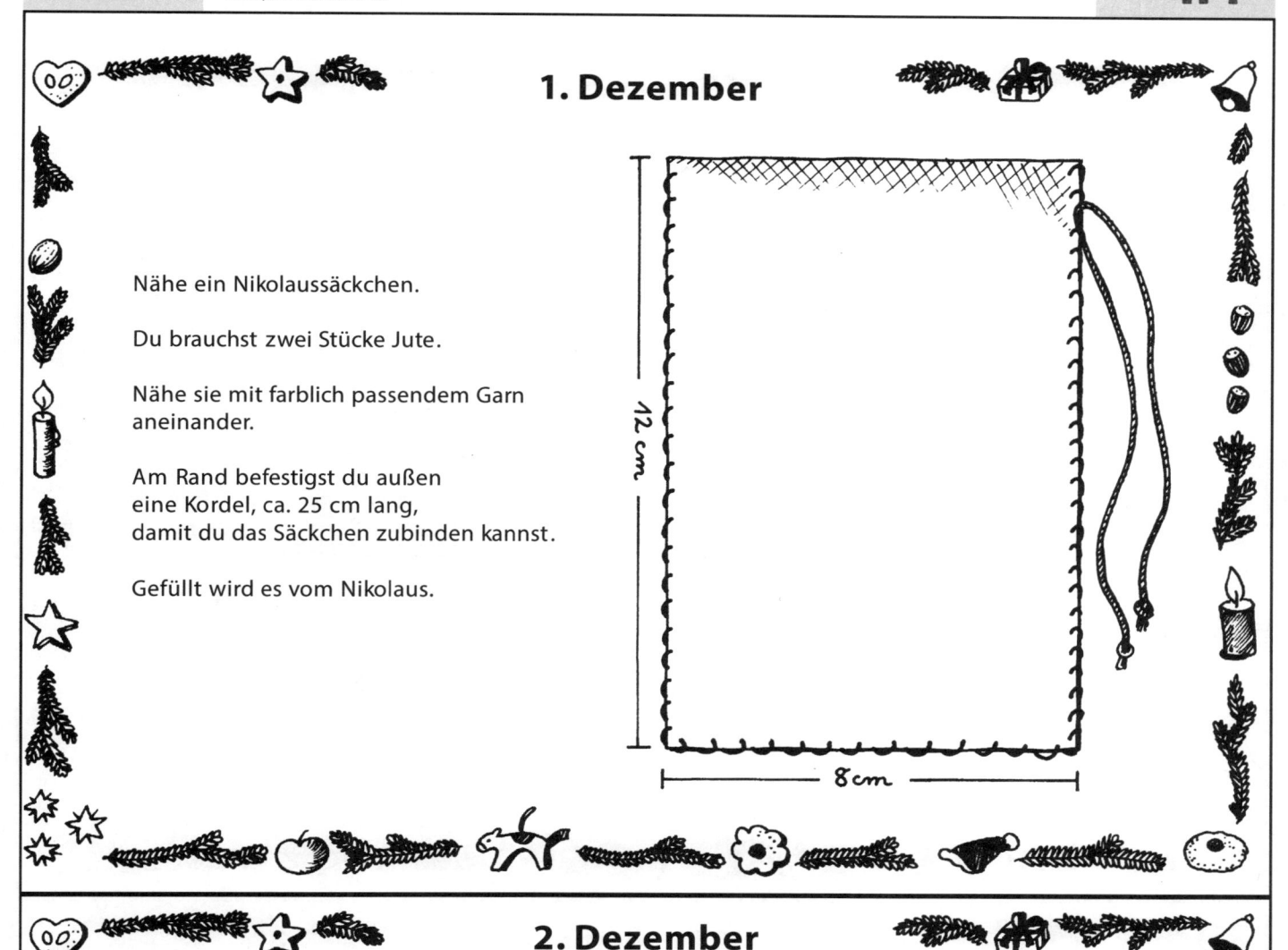

Nähe sie mit farblich passendem Garn aneinander.

Am Rand befestigst du außen eine Kordel, ca. 25 cm lang, damit du das Säckchen zubinden kannst.

Gefüllt wird es vom Nikolaus.

2. Dezember

In der Weihnachtsbibliothek

- Das Weihnachtsgeheimnis, H. Kaiser
- Die Reise nach Bethlehem, B. Wildsmith
- Der kleine Hirte und der große Räuber, L. Mayer-Skumantz
- Adventskalendergeschichten, U. Scheffler
- Ein ganz verrückter Nikolaustag, G. Jonson
- Das Geschenk der Weisen, O. Henry
- Die heilige Nacht, A. von Jüchen
- Sie folgten dem hellen Stern, S. Heuck
- Der Weihnachtstroll, K. Green
- Drei Könige, O. Baumann
- Das Hirtenlied, M. Bollinger
- Ein Weihnachtsmärchen, Ch. Dickens
- Pelle zieht aus, A. Lindgren
- Ein Weihnachtstraum, F. Hechelmann
- Die Vollmondlegende, M. Ende
- Der Weihnachtszug, J. Liantschev
- Es könnte eine Weihnachtskarte sein, P. Theroux
- Warten aufs Christkind, I. Uebe
- Dreikönigsgeschichten, O. Preußler
- Das unerwartete Geschenk, E. Heller
- Mein 24. Dezember, A. Bröger

In der Weihnachtsbibliothek stehen viele Bücher. Kannst du sie nach dem Alphabet ordnen?

3. Dezember

Baum-Mobile

Schneide 7 lange grüne Strohhalme zurecht.

Fädele abwechselnd eine rote Perle und
einen grünen Strohhalm auf.
Die Strohhalme musst du in der Mitte auffädeln,
damit der Baum nicht schief wird.

Der kleine „Baum" muss frei hängen, damit er
sich bewegen kann.

4. Dezember

Wunschzettel

_____

_____

_____

_____

_____

_____

_____

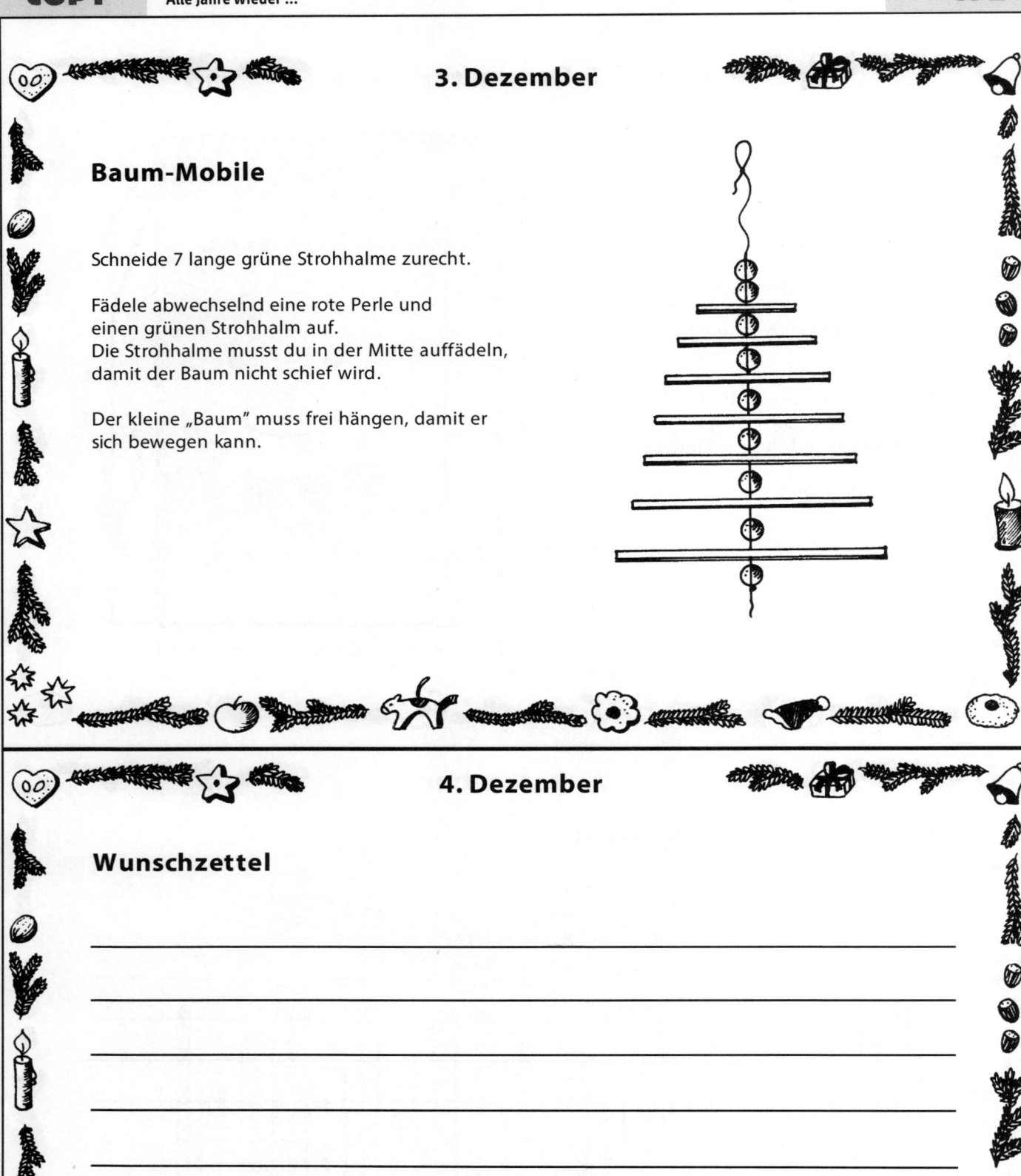

Schreibe einen Wunschzettel. Denke auch an Dinge, die man nicht kaufen kann.

5. Dezember

Geschenktipp

Material:
- ein Heft oder eine Kladde
- ein Stück Stoff, 25 x 40 cm
- Klebestift
- Plüsch
- Wolle
- ein Glöckchen
- Schleifenband

Binde das Heft mit dem Stoff ein.
Zum Kleben verwende einen Klebestift.

Schneide aus braunem Plüsch
einen Bärenkopf aus, nähe ihm
aus schwarzer Wolle Augen, Nase und Mund.
Nähe ein kleines goldenes Weihnachtsglöckchen
und eine karierte Schleife an den „Hals".
Klebe den Bären vorne auf den Heftdeckel.

6. Dezember

N_____
I_____
K_____
O_____
L_____
A_____
U_____
S_____
B_____
A_____
R_____
T_____

Bilde mit jedem Anfangsbuchstaben einen Satz und versuche eine Geschichte zu schreiben.

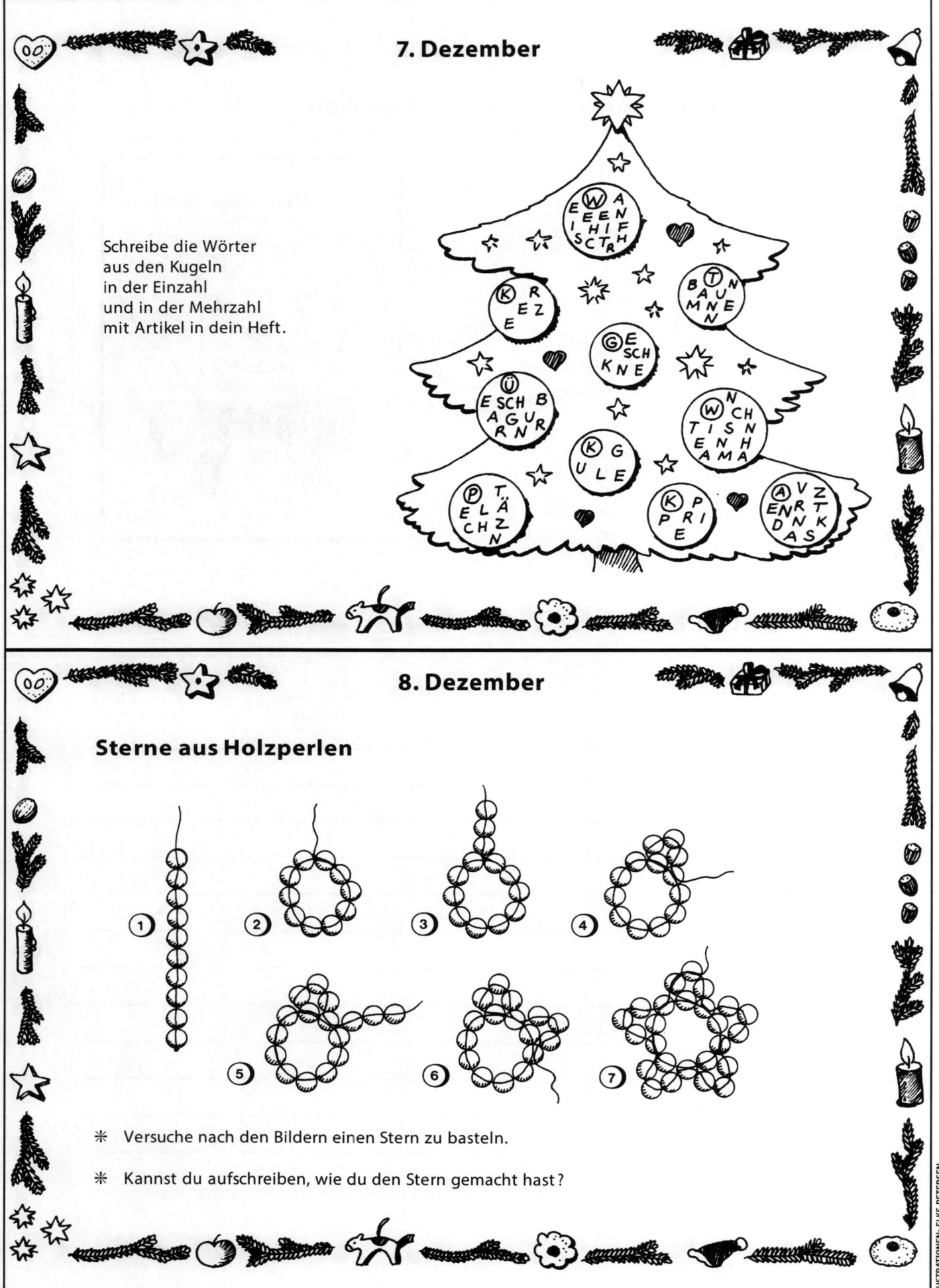

9. Dezember

Wortfamilie: schenken Wortfeld: schenken

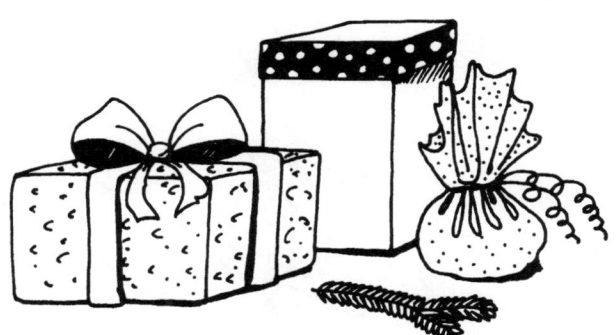

Schreibe eine Wortfamilie zu dem Wort „schenken" in dein Heft.

Schreibe ein Wortfeld zu dem Wort „schenken" in dein Heft.

Schenken

Schenke groß oder klein,
aber immer gediegen.
Wenn die Bedachten
die Gaben wiegen,
sei dein Gewissen rein.

Schenke herzlich und frei.
Schenke dabei,
was in dir wohnt
an Meinung,
Geschmack und Humor,
sodass die eigene Freude zuvor
dich reichlich belohnt.

Schenke mit Geist ohne List.
Sei eingedenk,
dass dein Geschenk
du selber bist.

Joachim Ringelnatz

10. Dezember

Geschenkpapier selbermachen

Du brauchst:

- Packpapier
- Wasserfarben
- Pinsel
- Kartoffeln
- Messer

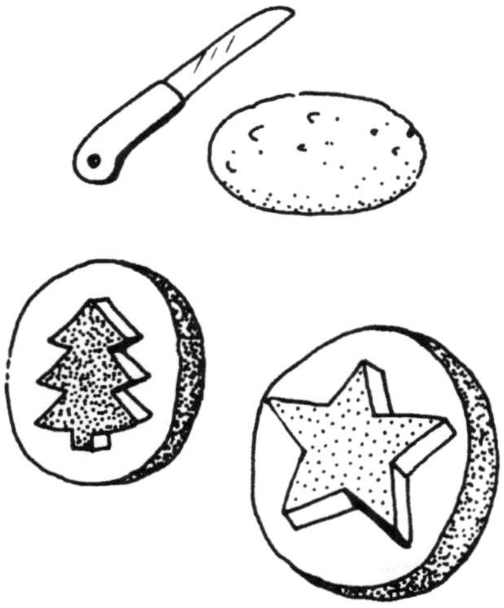

1. Halbiere deine Kartoffel und schneide ein weihnachtliches Muster hinein.

2. Färbe die Druckflächen mit Wasserfarbe und stemple das Muster auf dein Papier.

ILLUSTRATIONEN: ELKE PETERSEN

11. Dezember

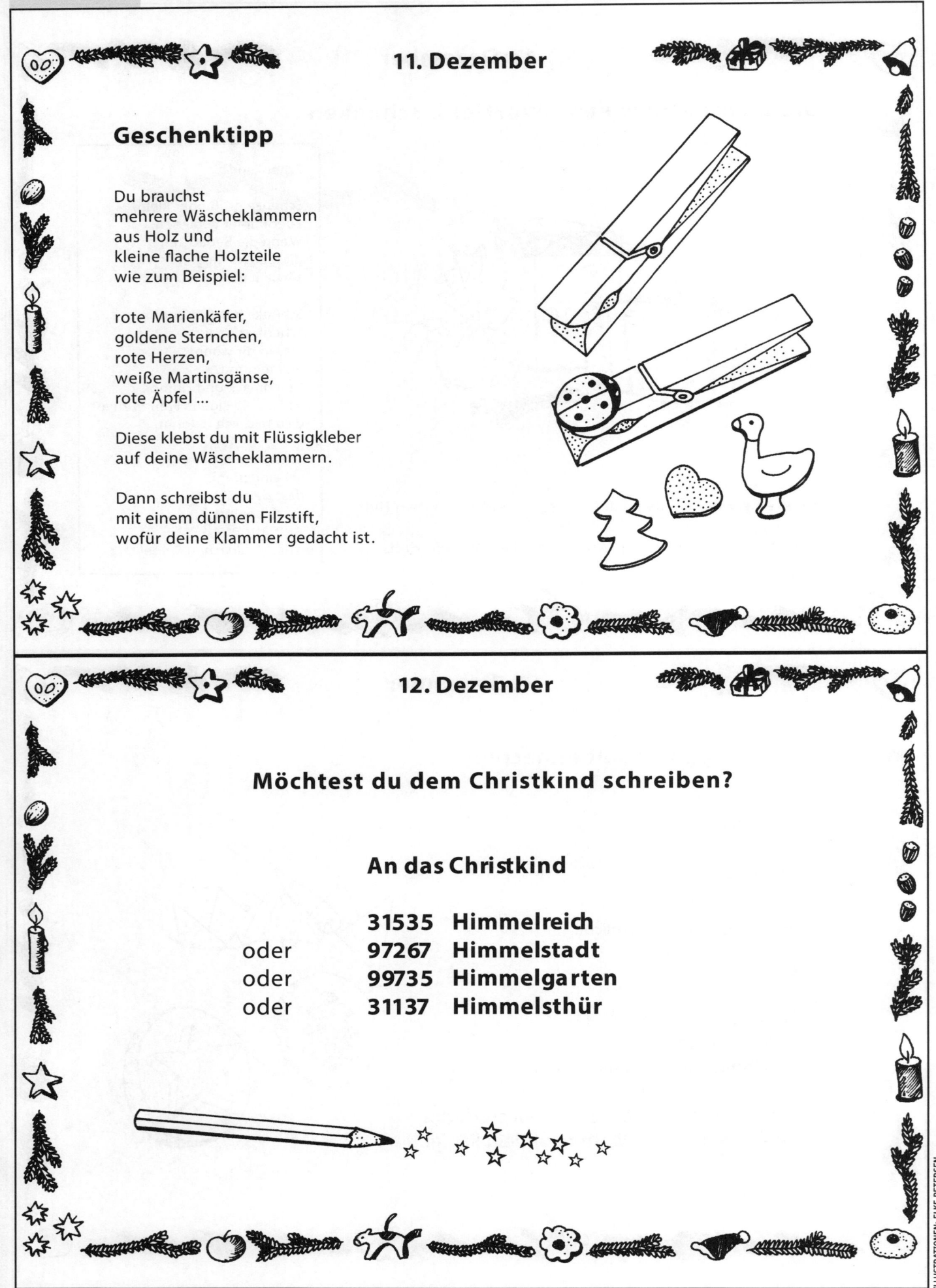

Geschenktipp

Du brauchst
mehrere Wäscheklammern
aus Holz und
kleine flache Holzteile
wie zum Beispiel:

rote Marienkäfer,
goldene Sternchen,
rote Herzen,
weiße Martinsgänse,
rote Äpfel ...

Diese klebst du mit Flüssigkleber
auf deine Wäscheklammern.

Dann schreibst du
mit einem dünnen Filzstift,
wofür deine Klammer gedacht ist.

12. Dezember

Möchtest du dem Christkind schreiben?

An das Christkind

	31535	**Himmelreich**
oder	**97267**	**Himmelstadt**
oder	**99735**	**Himmelgarten**
oder	**31137**	**Himmelsthür**

13. Dezember

Weihnachts-Elfchen

Gold
Ein Stern
An der Weihnachtsbaumspitze
Ich sehe ihn an.
Freude

Schreibe auch ein Elfchen!
Diese Fragen helfen dir beim Schreiben:

Wie ist es?
Wer oder was ist es?
Was tut es oder wo ist es?
Was hat es mit mir zu tun?
Ein wichtiges Wort.

Schreibe dein Elfchen auf ein Blatt
und schmücke es aus.

14. Dezember

Sternen-Dekolicht

Du brauchst:

- gelbes Tonpapier oder Goldfolie
- Schere
- Kleber
- ein Teelicht

So bastelst du dein Sternenlicht:

Zeichne zwei gleich große Sterne
auf dein Tonpapier.
Schneide sie mit der Schere aus.
Knicke die Spitzen etwas hoch.
Klebe den zweiten Stern
versetzt auf den ersten Stern auf.
Stelle dein Teelicht in den fertigen Stern!

Schreibe auf, wie du deinen Stern gebastelt hast.
Benutze hierfür die Ich-Form: Zuerst habe ich ...
Denke daran verschiedene Satzanfänge zu benutzen: danach, anschließend, zuletzt!

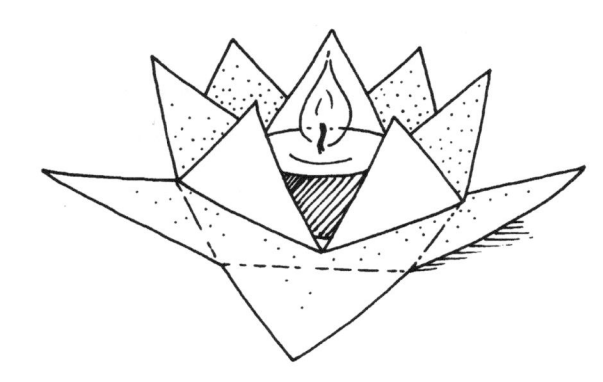

15. Dezember

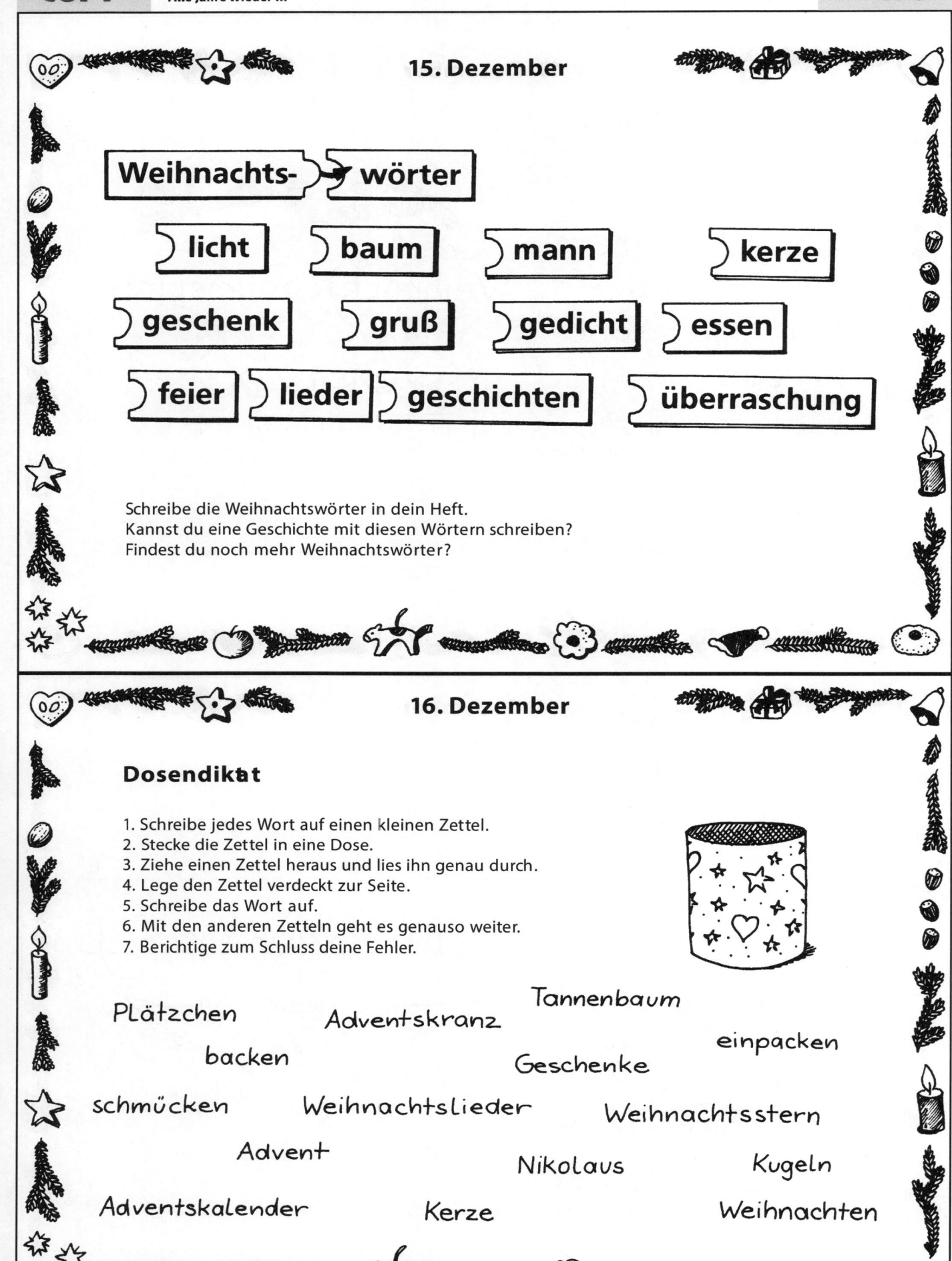

Weihnachts- → wörter

licht · baum · mann · kerze
geschenk · gruß · gedicht · essen
feier · lieder · geschichten · überraschung

Schreibe die Weihnachtswörter in dein Heft.
Kannst du eine Geschichte mit diesen Wörtern schreiben?
Findest du noch mehr Weihnachtswörter?

16. Dezember

Dosendiktat

1. Schreibe jedes Wort auf einen kleinen Zettel.
2. Stecke die Zettel in eine Dose.
3. Ziehe einen Zettel heraus und lies ihn genau durch.
4. Lege den Zettel verdeckt zur Seite.
5. Schreibe das Wort auf.
6. Mit den anderen Zetteln geht es genauso weiter.
7. Berichtige zum Schluss deine Fehler.

Plätzchen · Adventskranz · Tannenbaum · einpacken
backen · Geschenke
schmücken · Weihnachtslieder · Weihnachtsstern
Advent · Nikolaus · Kugeln
Adventskalender · Kerze · Weihnachten

17. Dezember

Geschenktipp

Bastele aus rotem Karton diese Adventslaterne mit Fenstern, Herzfensterläden, Dachziegeln, Gardinen und Schornstein.

Mit dem Schneidemesser schneidest du die Dachziegel und die Herzfensterläden ein. Für die Fenster benötigst du eine spitze Schere.
Den Gardinenstoff bestimmst du selber -- Tonpapier oder Tortenmanschette oder Spitze oder Stoffrest.

Ein großes Teelicht erleuchtet dein Adventshaus wunderschön.

18. Dezember

Geschenktipp

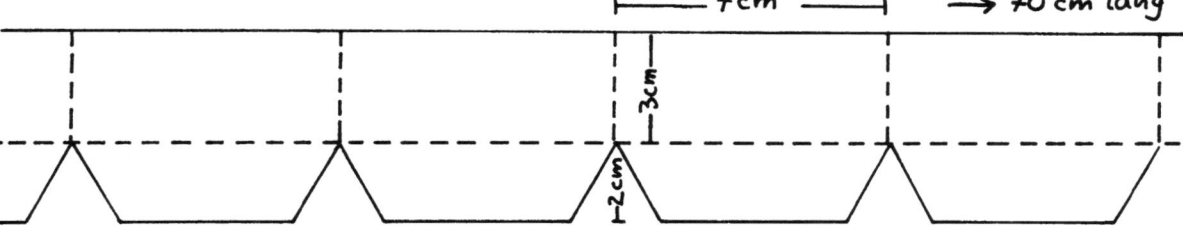

Falte aus rotem oder blauem festen Tonpapier einen 5-zackigen Stern.

Lege goldenen Stoff hinein und selbst gebackene Plätzchen. Festlich verpackt entsteht ein persönliches Geschenk.

19. Dezember

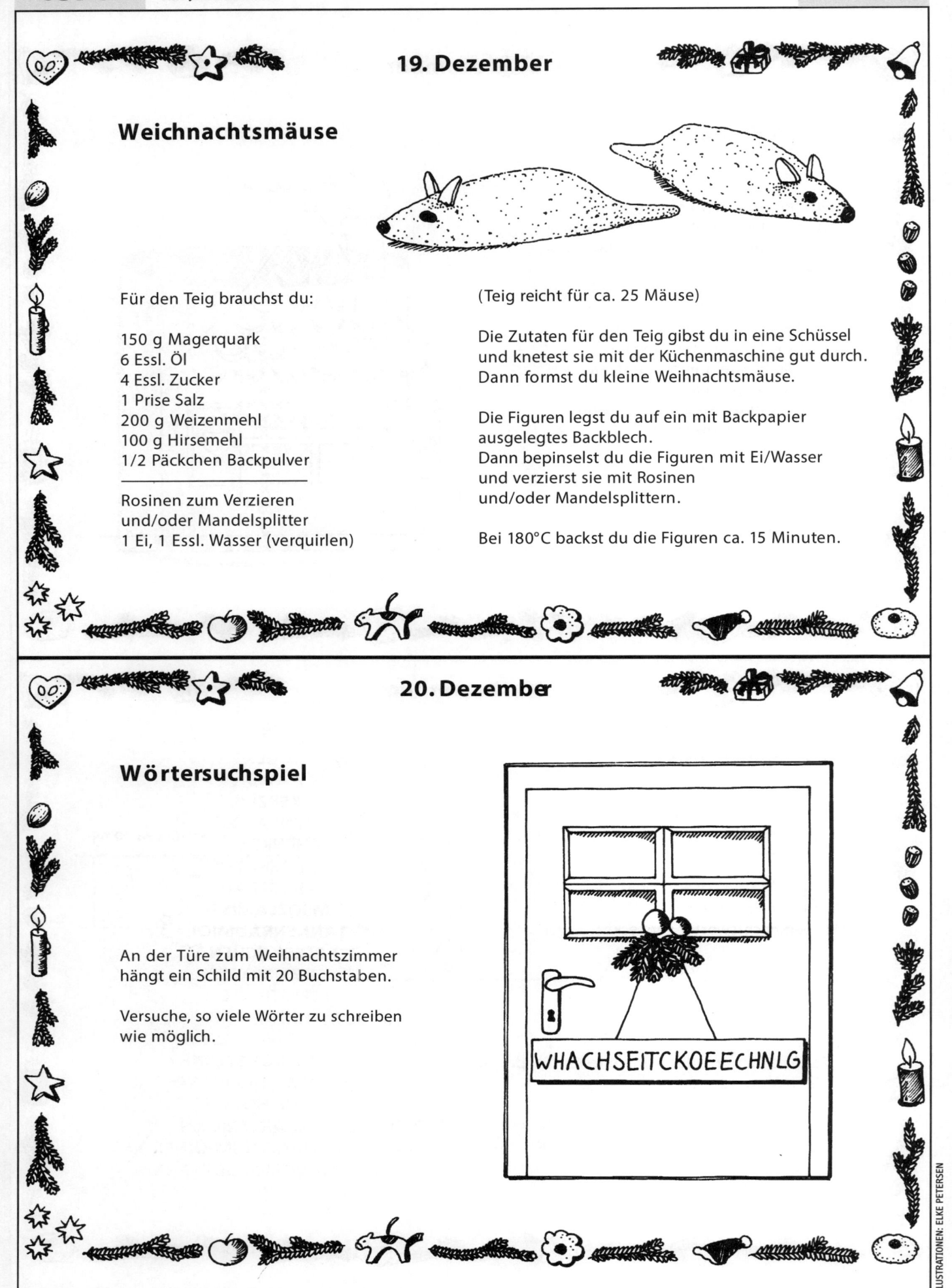

Weichnachtsmäuse

Für den Teig brauchst du:

150 g Magerquark
6 Essl. Öl
4 Essl. Zucker
1 Prise Salz
200 g Weizenmehl
100 g Hirsemehl
1/2 Päckchen Backpulver

Rosinen zum Verzieren
und/oder Mandelsplitter
1 Ei, 1 Essl. Wasser (verquirlen)

(Teig reicht für ca. 25 Mäuse)

Die Zutaten für den Teig gibst du in eine Schüssel und knetest sie mit der Küchenmaschine gut durch. Dann formst du kleine Weihnachtsmäuse.

Die Figuren legst du auf ein mit Backpapier ausgelegtes Backblech.
Dann bepinselst du die Figuren mit Ei/Wasser und verzierst sie mit Rosinen und/oder Mandelsplittern.

Bei 180°C backst du die Figuren ca. 15 Minuten.

20. Dezember

Wörtersuchspiel

An der Türe zum Weihnachtszimmer hängt ein Schild mit 20 Buchstaben.

Versuche, so viele Wörter zu schreiben wie möglich.

WHACHSEITCKOEECHNLG

21. Dezember

Tischlaterne

Du brauchst einen 30 cm langen und 12 cm breiten Goldkartonstreifen. In diesen Streifen stichst du mit einer Prickelnadel z. B. das vorliegende Muster. Die Enden tackerst du zusammen und stellst ein Teelicht in deine Tischlaterne.

(Anmerkung: Auf Rechenpapier kannst du das Muster oder ein selbst entworfenes vorzeichnen und dann übertragen).

22. Dezember

In diesem Baum sind 11 Weihnachtswörter versteckt.

Unterstreiche sie farbig.

Versuche, ein eigenes Rätsel herzustellen.

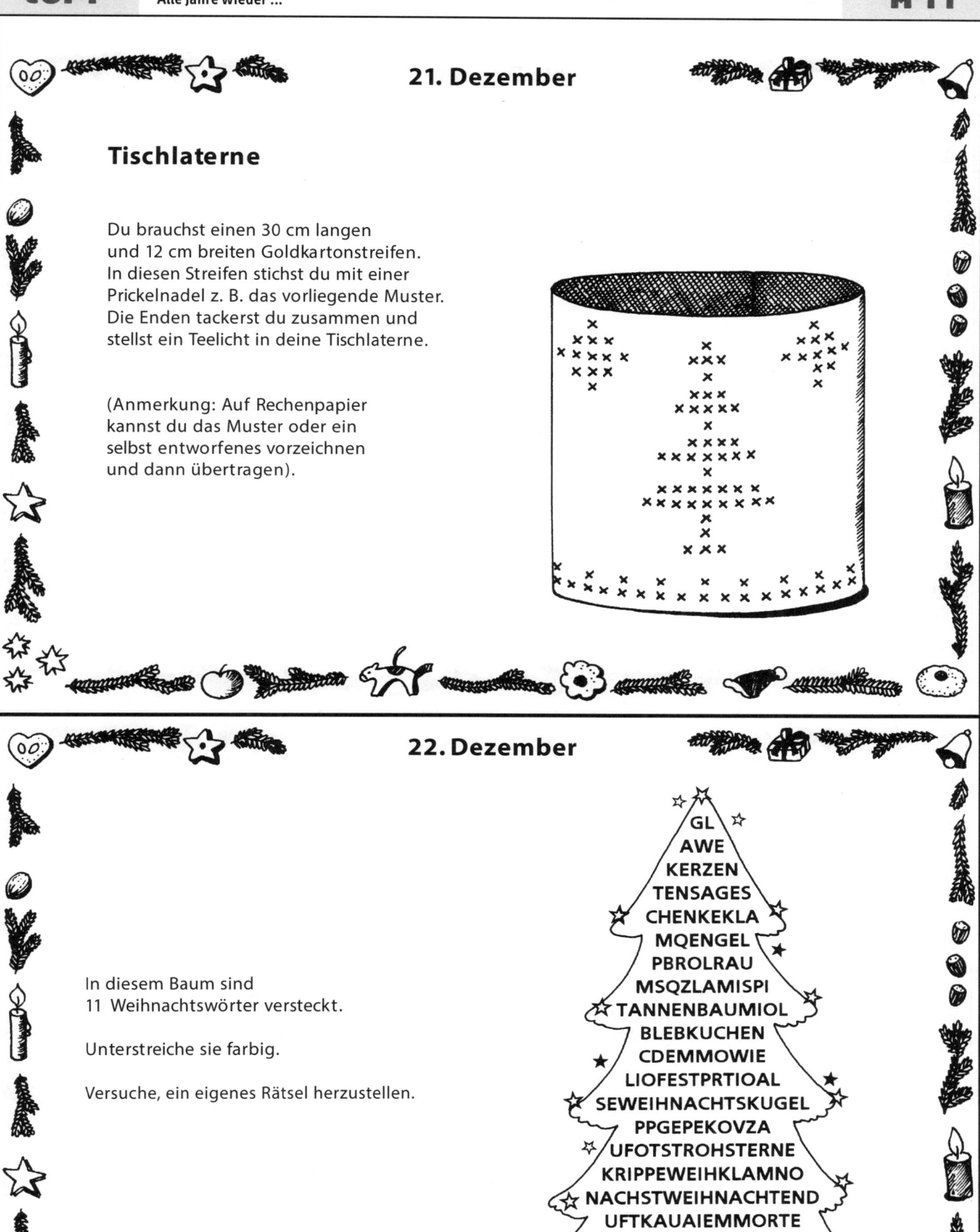

```
     GL
    AWE
   KERZEN
  TENSAGES
 CHENKEKLA
  MQENGEL
  PBROLRAU
 MSQZLAMISPI
 TANNENBAUMIOL
  BLEBKUCHEN
   CDEMMOWIE
  LIOFESTPRTIOAL
 SEWEIHNACHTSKUGEL
   PPGEPEKOVZA
  UFOTSTROHSTERNE
  KRIPPEWEIHKLAMNO
 NACHSTWEIHNACHTEND
  UFTKAUAIEMMORTE
  SAIWEIHNACHTSMANNPR
 KUCHTIAVORFREUDESANNI
  LAKTOAR      KCEAOL
```

23. Dezember

Serviettenring

Du brauchst:

- goldene/silberne Wellpappe
- Schere
- Kleber

Schneide die Pappe wie vorgegeben aus und klebe den Ring zusammen.

24. Dezember

Schneide Sterne aus Metallprägefolie aus. Hänge sie an einem goldenen Faden ins Fenster, wo sie frei schweben können.

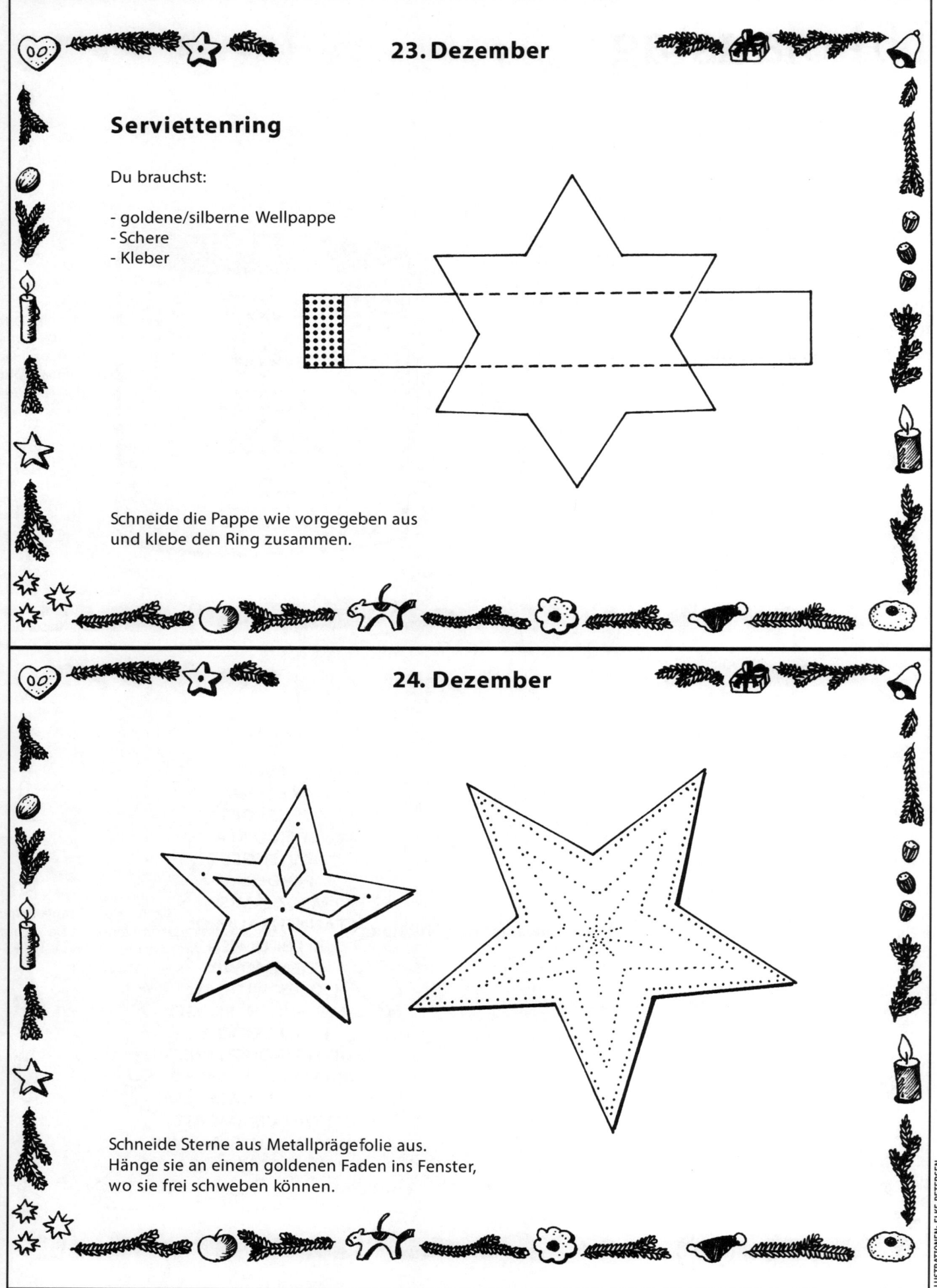

Nikolaustag

Silke Rauscher

Der Schulvormittag steht ganz im Zeichen des Nikolaus. Auf diese Weise wird den Kindern der erste „Nikolaus" in der Schule leicht gemacht.

Am 6. Dezember drehte sich in meiner ersten Klasse alles um den Nikolaus. In Deutsch führte ich das N, n (wie Nikolaus) ein, in Mathematik gab es Stiefelrechnen, eine Nikolausgeschichte umrahmte diese Phase.
Die Arbeitsblätter des Tages bekamen die Kinder als „Büchlein" zusammengetackert. Im Folgenden beschreibe ich, wie im vergangenen Jahr dieser Tag bei uns verlaufen ist.

● Stuhlkreis
Nikolauspuzzle: hierfür habe ich ein großformatiges Nikolausbild gemalt und dieses in Puzzleteile zerschnitten.
Gespräch: Erwartungen, Einstellungen, Erlebnisse
● Frontale Phase
N, n als zu erlernende Buchstaben werden eingeführt. Es werden verschiedene Übungen gemacht, z.B. deutliches Sprechen, Nachspuren in der Luft, auf dem Rücken des Partners, etc.
● Einzelne vor der Klasse
„Das steckt der Nikolaus in den Stiefel" (entspricht S. 33): Große Wort- und Bildkarten werden aus einem Säckchen gezogen. Gemeinsam entscheiden die Kinder, ob die Karte in einen von der Lehrerin mitgebrachten Stiefel gesteckt werden darf.
● Frontale Phase
Das Nikolausbüchlein wird vorgestellt, und die Arbeitsanweisungen werden erläutert. Da es sich beim Stiefelrechnen um eingeübte Operationen handelte, musste die Vorgehensweise auf dem Arbeitsblatt nur kurz angesprochen werden.
● Einzelarbeit
Selbstständiges Bearbeiten des Büchleins.

Zum Abschluss kann eine Nikolausgeschichte erzählt werden.

Zur Weiterführung des „Nikolaus-Schulmorgens" bietet sich die folgende Klanggeschichte an.

Illustration: Silke Rauscher

Peter erwartet den Nikolaus

Die kursiv gesetzten Wörter und Satzteile werden von den Kindern auf ein Signal hin (z.B. Handzeichen) in Geräusche umgesetzt.

Heute ist ein ganz besonderer Tag. Peter ist schon sehr aufgeregt. Heute ist der 6. Dezember: Nikolaustag!
Schon den ganzen Nachmittag kann Peter an nichts anderes denken. Jetzt schlägt die Turmuhr *sechsmal*. Es ist sechs Uhr abends.
„Ob der Nikolaus wohl zu mir kommt?", flüstert Peter.
Da! *Ein leises Klopfen* an der Tür! Hurra! Aber nein, es ist nur die Schwester Gabi, die den Hausschlüssel vergessen hat.
Plötzlich hört Peter *das Bellen eines Hundes*. *Er rennt* ans Fenster. Da sieht er in der Ferne zwei Gestalten. Er hört *das leise Klingeln eines Glöckchens*.
Schnell setzt sich Peter in einen Sessel und lauscht: Er hört zwei *leise Männerstimmen*. Er hört *das Bellen des Hundes*. Er hört *die schweren Schritte der Männer*, die langsam immer lauter werden.
Und da, endlich, vernimmt er *ein lautes Pochen* an der Haustür. Peter springt auf. *Er ruft* seine Schwester Gabi. Zusammen *rennen sie* zur Haustür. Die Tür ist abgeschlossen. Gabi dreht den Schlüssel um. Die alte Holztür *öffnet sich knarrend*.
Schon vernehmen die Kinder wieder *das Klingeln des Glöckchens*. Und wirklich, da stehen leibhaftig der Nikolaus und der Knecht Ruprecht vor der Tür!
Der Nikolaus schaut grimmig und schwingt die Rute. Er meint: „Könnt ihr mir ein schönes Lied vorsingen?" Gabi und Peter überlegen. Dann *singen sie*: „Lasst uns froh und munter sein." Da schaut der Nikolaus ganz freundlich und setzt seinen schweren Sack *polternd* auf die Erde.

Was drinnen war, dürfen die Kinder zum Abschluss der Geschichte malen. ●

Stiefelrechnen Rechnen bis 7

□ + □ = □	□ + □ = □	□ + □ = □
□ + □ = □	□ + □ = □	□ + □ = □
□ + □ = □	□ + □ = □	□ + □ = □
□ + □ = □	□ + □ = □	□ + □ = □

ILLUSTRATIONEN: ELKE PETERSEN

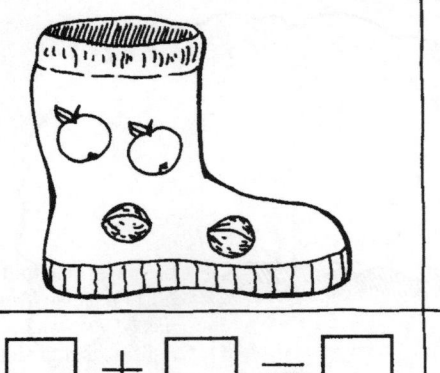

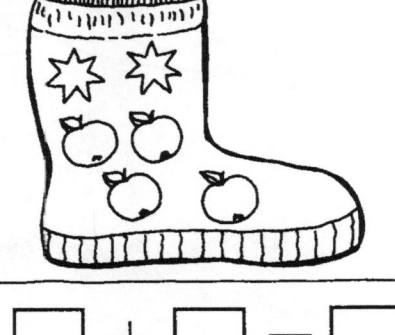

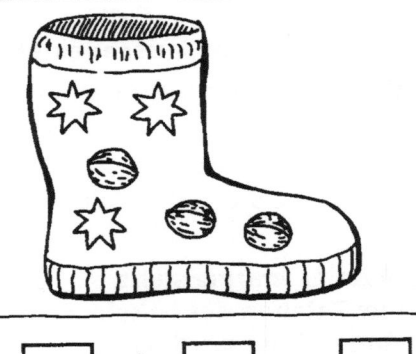

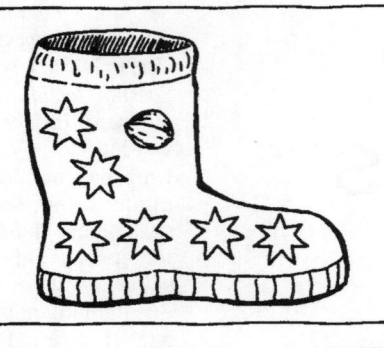

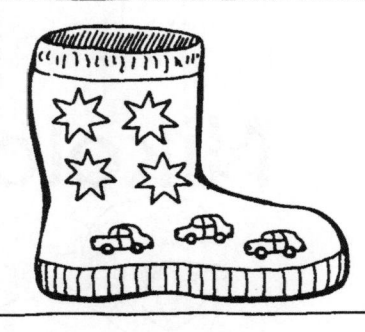

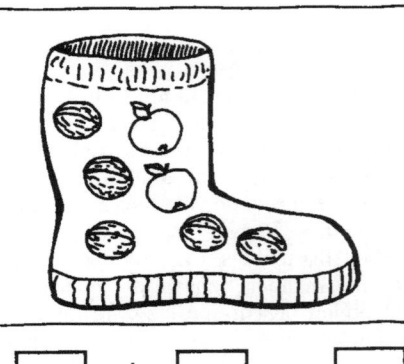

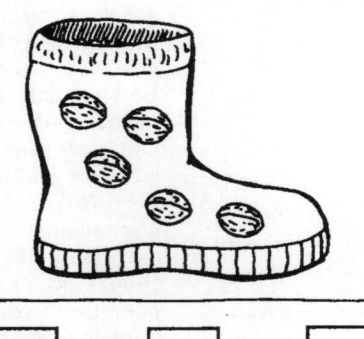

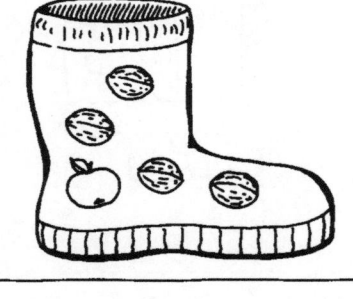

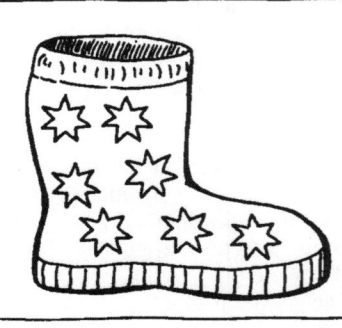

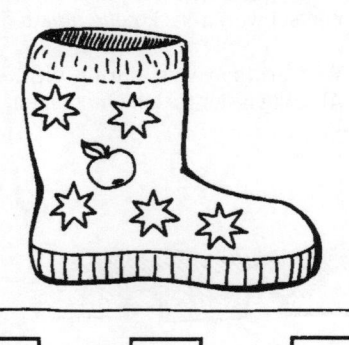

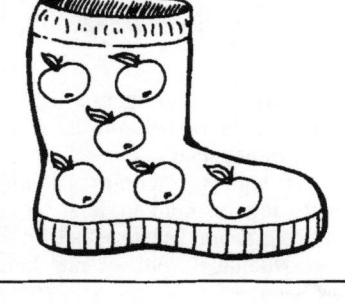

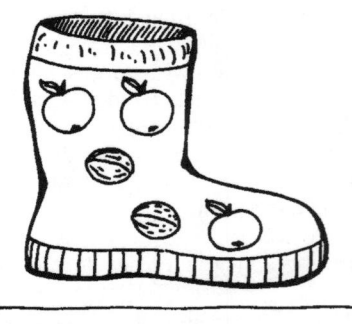

Das steckt der Nikolaus in den Stiefel

Suche auf dem Ausschneidebogen Dinge und Wörter mit **N** und **n**!

Schneide sie aus und klebe sie in den Stiefel!

Ausschneidebogen

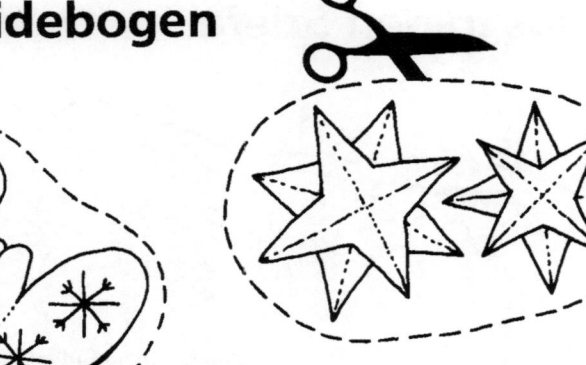

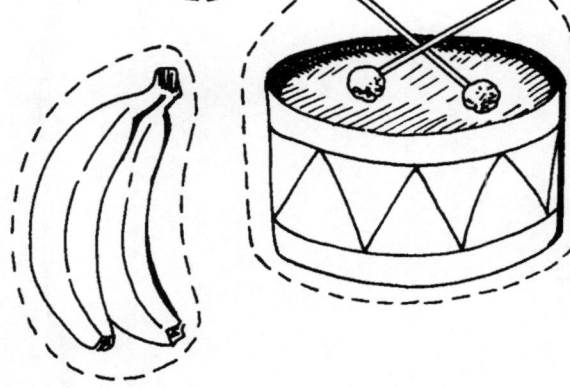

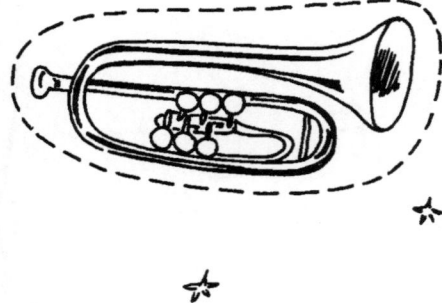

Marzipan

Nikolaus

Salami

Auto

Mandeln

Rute

Lineal

Nuss

RUND UM WEIHNACHTEN

Das Weihnachtsrondell
Kreatives Schreiben auf einer selbst gestalteten Klappkarte
VON GERD CICHLINSKI

Durch das Basteln einer Klappkarte mit einem selbst geschriebenen Rondell haben die Kinder in der Weihnachtszeit die Möglichkeit, kreatives Schreiben und Basteln zu verbinden. Am Ende haben die Kinder ein wunderschönes Weihnachtsgeschenk.

Abb.1: Rondelle zum Thema Advent in den fertig gestellten Klappkarten von Antonia und Lisa.

Dieses Projekt verbindet zwei Themenbereiche der Fächer Deutsch und Bildende Kunst:
- Kreatives Schreiben eines Rondells zum Thema Weihnachten. „Ein Rondell ist ein Gedicht aus acht Zeilen, wobei Zeile 1, 4 und 7 gleich sind und ebenso Zeile 2 und 8 übereinstimmen".
- Gestaltung einer Klappkarte mit Gedicht. Die notwendigen Informationen zum Gestalten werden einer Bastelanleitung entnommen und entsprechend umgesetzt.

DIE KLAPPKARTE GESTALTEN
Schreiben eines Rondells
Die Klappkarten mit dem Rondell wurden nach vorher festgelegten Kriterien als individueller Leistungsnachweis bewertet. Zur Übung wurde die Vorgehensweise gemeinsam erarbeitet.

In Gruppenarbeit haben die Schülerinnen und Schüler Wortmaterial zum Thema „Advent" gesammelt (siehe S. 38, M1. Die Wörter wurden anschließend vorgelesen, miteinander verglichen, ergänzt und reflektiert. Mit der Wörtersammlung schrieb jedes Kind mindestens drei Sätze zum Thema „Advent", die es verdeckt in die Mitte des Gruppentisches legte. Nach ca. 15 Minuten Schreibarbeit deckten die Schülerinnen und Schüler

RUND UM WEIHNACHTEN

alle Sätze auf. Jedes Kind suchte sich die Sätze heraus, die ihm am besten gefielen und gestaltete nach der Anweisung auf S. 38, M1 sein individuelles Rondell (siehe Abb. 1). In der Reflexion der Arbeiten wurde besonders auf die Form und die Wortwahl eingegangen. So wurden treffendere Verben und Adjektive notiert bzw. im Text eingefügt.

Erstellen der Klappkarte

Für die Klappkarte werden folgende Utensilien benötigt: ein Blatt DIN A4 Fotokarton, ein Blatt DIN A5 Fotokarton, Lineal, Bleistift, Buntstifte, Kleber, Cutter und eine feste Unterlage (Pappe, Brettchen etc.) für das Schneiden mit dem Cutter. Farbiges Papier steigert die Ästhetik der Karte.

Für ein erstes Probeexemplar kann an Stelle von Fotokarton auch einfaches Papier benutzt werden. Das selbstständige Umsetzen der Bastelanleitung auf S. 39, M2 (oben) lässt erkennen, ob die Schülerinnen und Schüler die Beschreibung verstanden haben. Eine wichtige Übung ist das genaue Abmessen sowie das Einzeichnen des klappbaren Fensters der Karte. Mit dem Cutter müssen drei Seiten eingeschnitten werden. Um einer Verletzungsgefahr vorzubeugen wurde das Einschneiden immer unter direkter Aufsicht der Lehrperson durchgeführt. Vor den ersten Schneidversuchen, machte ich den Kindern die Handhabung des Cutters vor. Einige Kinder brauchten mehrere Versuche, bis ihnen das Einschneiden gelang. Auch das saubere Einkleben des DIN A5 Bogens mit Klappfenster musste geübt werden.

Zusammenführung von Rondell und Klappkarte

Anschließend wurde das Rondell unter das Klappfenster auf die Faltkarte geschrieben (siehe Abb. 1). Als Hilfe können dünne Linien mit Bleistift gezogen werden. Die Kinder erkannten bei dem ersten Versuch, ob sie die richtige Schriftgröße beim Schreiben gewählt hatten. Am Ende wurde die Karte mit passenden Zeichnungen ausgestaltet.

BEURTEILUNG EINER KLAPPKARTE

Nachdem jedes Kind ein Probeexemplar fertiggestellt hatte, wurde das Thema der „Klassenarbeit" – eine Klappkarte mit Weihnachtsrondell zu gestalten – bekanntgegeben. Den Kindern waren alle Schritte (Wörtersammlung, Sätze bilden, Karte basteln, Text eintragen, Karte gestalten) bekannt, der „Ernstfall" war bereits geprobt und die individuelle Bewertung stellte keine besondere psychische Belastung mehr dar. Alle Arbeiten wurden in der Schule durchgeführt. Aufgrund der klaren, einfachen Struktur und der begrenzten Satzzahl konnten alle Schülerinnen und Schüler die Aufgabe bewältigen.

Für die individuelle Leistungsmessung erstellte jedes Kind in Einzelarbeit seinen Text sowie die Klappkarte. Nachdem die Kinder Wortmaterial zum Thema „Weihnachtszeit" gesammelt hatten, schrieben sie ihr Rondell. Den leistungsschwächeren Kindern stand das erarbeitete Wortmaterial zum Thema „Advent" zur Verfügung. Während der Textproduktion hatten alle Kinder die Schreibtipps auf S. 39, M2 unten zur Hand.

Die Rechtschreibung konnten sie selbstständig mit Hilfe eines Wörterbuches kontrollieren. Die Entwurfstexte wurden zusätzlich zu den fertigen Karten eingesammelt, um Fehler zu vergleichen.

Da die Schülerinnen und Schüler zunächst mit Bleistift schrieben, konnten die Fehler nach der Bewertung verbessert werden, denn die Karte sollte zu Weihnachten verschenkt werden. Durch den konkreten Adressatenbezug war die Motivation besonders hoch, eine ansprechende Weihnachtskarte zu produzieren.

Kriterien für die Beurteilung

Die Kriterien der Bewertung wurden den Schülerinnen und Schülern – und damit auch den Eltern – seit Beginn des dritten Schuljahres transparent gemacht (siehe Abb. 2). Die grund-

KRITERIEN	MÖGLICHE PUNKTE	ERREICHTE PUNKTE
• Umfang der Wortsammlung	2	
• Formaler Aufbau des Rondells, passende Überschrift	2	
• Sprache: Komplexität des Satzbaus, treffende Adjektive, Verben, Nomen	5	
• Inhalt: Wiederholungssätze, verständliche Geschichte	6	
• Umsetzung der Bastelanleitung	2	
• Gestaltung der Karte	1	
• Rechtschreibfehler im Entwurf	2	
	20	

Abb. 2: Kriterien zur Bewertung der Klappkarte mit Weihnachtsrondell.

AUF EINEN BLICK	
Klasse:	4
Zeit:	6–8 Unterrichtsstunden
Kompetenzen:	Kreatives Schreiben (Rondell), Verstehen eines Sachtextes (Bastelanleitung), ästhetische Gestaltung einer Karte
Inhalte:	Die Schülerinnen und Schüler • sammeln Wörter, Sätze und Ideen zur Weihnachtszeit. • schreiben ein Rondell nach vorgegebenen Kriterien und überprüfen deren Einhaltung. • überprüfen ihren Entwurf anhand Beurteilungskriterien und ändern ihn bei Bedarf. • setzen eine Bastelanleitung einer Klappkarte um. • reflektieren ihr Produkt (hier: Klappkarte) und den Arbeitsprozess anhand der Beurteilungskriterien. • präsentieren sachgerecht die eigene Klappkarte.
Voraussetzungen:	keine
Zusätzliches Material:	ein farbiges Blatt DIN A4-Fotokarton, ein farbiges Blatt DIN A5-Fotokarton, Lineal, Bleistift, Buntstifte, Kleber, Cutter und eine feste Unterlage

legenden Aspekte zur sprachlichen Form und zum Inhalt werden für alle Textproduktionen in den Mittelpunkt gestellt und damit am höchsten bewertet. Eine andere Punkteverteilung ist möglich. Diese orientiert sich am jeweiligen Leistungsvermögen der Klasse und der konkreten Vorbereitung.

FAZIT

Die Kinder haben ein individuelles Weihnachtsgeschenk erstellt, das gut bei den Beschenkten angekommen ist. Dass den Schülerinnen und Schülern das Thema Freude bereitete, zeigte sich daran, dass einige Kinder in ihrer Freizeit weitere Karten herstellten. Die Produktion eines Rondells eignet sich auch gut für den Einsatz des Computers, da grundlegende Kompetenzen erworben werden können: Schreiben am Computer, Rechtschreibprüfung, Kopieren und Einfügen von Textteilen (hier Sätzen), abspeichern und ausdrucken.

Anstelle eines Rondells können auch andere Gedichtformen für die Klappkarte wie Elfchen, Haiku, Schneeballgedicht oder Akrostichon gewählt werden. Inhaltlich ist die Thematik auf die Jahreszeiten, Pflanzen, Tiere etc. übertragbar.

DER AUTOR

Gerd Cichlinski
ist Fachleiter am staatlichen Studienseminar Neuwied und Lehrer an der Grundschule Koblenz-Metternich-Oberdorf.

MATERIAL

M1: Ein Rondell zum Advent
M2: Bastelanleitung und Gestaltungstipps

Ein Rondell zum Advent

1. Sammle Wörter, die dir zum Advent einfallen.

2. Schreibe mit den Wörtern mindestens drei kurze Sätze.

_____

_____

_____

3. Schreibe mit den Sätzen ein Rondell:
   Das Rondell ist ein Gedicht aus 8 Sätzen.
   Schreibe den Satz, der dir am besten gefällt, in Zeile ①, ④ und ⑦.
   Schreibe einen anderen Satz in Zeile **2** und in Zeile **8**.
   Ergänze verschiedene Sätze in Zeile 3, 5 und 6.
   Überlege dir eine kurze Überschrift.

   _____
   (Überschrift)

① _____

2 _____

3 _____

④ _____

5 _____

6 _____

⑦ _____

8 _____

Bastelanleitung und Gestaltungstipps

Bastelanleitung für eine Klappkarte

1. Falte einen DIN A4-Bogen in der Mitte. Das ist deine Faltkarte.

2. Zeichne auf einen DIN A5-Bogen mit Bleistift ein Klappfenster. Der Rahmen ist 2 cm breit.

3. Schneide das Klappfenster mit dem Cutter an drei Seiten ein.

4. Öffne das Klappfenster.

5. Klebe den Rahmen in die Faltkarte ein. Achte auf das Klappfenster. Es darf nicht festgeklebt werden!

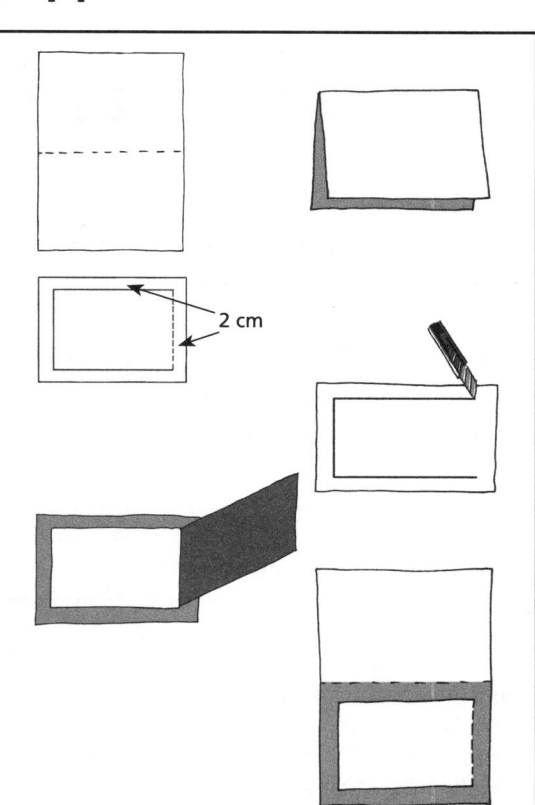

Tipps für die Gestaltung der Klappkarte

1. Deine Wörter müssen zum Thema „Weihnachtszeit" passen.

2. Beachte die Regeln des Rondells:
   Das Rondell ist ein Gedicht aus 8 Sätzen.
   Ein Satz steht in Zeile 1, 4 und 7.
   Ein Satz steht in Zeile 2 und 8.
   Verschiedene Sätze stehen in Zeile 3, 5 und 6.

3. Die Sätze sollen inhaltlich eine verständliche kleine Geschichte bilden.

4. Achte auf eine abwechslungsreiche Wortwahl.

5. Schmücke deine Sätze mit treffenden Adjektiven und Verben aus.

6. Überlege dir eine passende Überschrift.

7. Gestalte eine schöne und ansprechende Karte:
   - Schneide das Klappfenster sauber aus.
   - Klebe den Rahmen mit Klappfenster ordentlich ein.
   - Schreibe dein Rondell fehlerfrei auf die Karte.
   - Beachte die Abstände beim Schreiben.

Viel Erfolg!

RUND UM WEIHNACHTEN

GERD CICHLINSKI
Die Olchis feiern Weihnachten

Schon immer haben Lehrkräfte Inhalte gesucht, die für Kinder das Lesen zur Freude werden lassen. Die Olchi-Familie von Erhard Dietl bietet eine solche Gelegenheit. Kinder im zweiten Schuljahr können sich mit den Figuren identifizieren und auseinandersetzen – zum Beispiel durch das Gestalten eines Freundschaftsbuchs.

Die Olchi-Familie besteht aus den Eltern, Großeltern und drei Kindern, die auf einer Müllhalde leben. Sie waschen sich nicht, sind faul, leben vom Müll und fühlen sich im Gestank wohl. Vor lauter Nichtstun kommen sie auf die verrücktesten Ideen. Im Band „Die Olchis feiern Weihnachten" erfahren sie von einem Weihnachtsmarkt. Ganz begeistert sind die Olchis von der Idee, dort selbst hergestellte Sachen zu verkaufen. So basteln sie z. B. ein Rostdosen-Mobile, eine Dreck-Schleuder und backen Stinkerplätzchen. Auf dem Weihnachtsmarkt wollen sie zusätzlich noch olchige Gedichte und Lieder vortragen. Die ganze Olchi-Familie wird auf dem Weihnachtsmarkt verhaftet, kann aber doch noch ihr eigenes Olchi-Weihnachtsfest feiern.

Das Buch von *Erhard Dietl* (2016), auch von ihm illustriert, gehört zu einer ganzen Reihe von Kinderbüchern um die Olchis. Die große Schrift und die vielen bunten kindgemäßen Bilder ermöglichen es auch schwachen Leserinnen und Lesern, die 63 Seiten zu bewältigen.

Ein Freundschaftsbuch

Einen Tag vor dem Beginn der Bucharbeit erzählte ich den 28 Kindern, dass ich am nächsten Tag eine Familie mitbringen würde. Sie waren zunächst überrascht, als ich alleine in die Klasse kam und nur eine Folie (Bild aus dem Buch, S. 24) auflegte. „Meine Olchi-Familie" bot aber direkt einen Gesprächsanlass (Wer ist das? Was machen die? Die sehen aber komisch aus.). Nachdem die Familie auf den ersten Seiten vorgestellt worden war, konnte das erste Kapitel gelesen werden.

In den folgenden drei Wochen arbeiteten wir in den Fächern Kunst, Deutsch und Musik zu den Olchis. Während die Kinder das Buch lasen, arbeiteten sie parallel dazu an einem Freundschaftslesebuch. Für dieses Buch standen den Kindern zehn Arbeitsblätter zur Verfügung, die so gestaltet waren, dass die Kinder die Fragen zum Text selbstständig beantworten konnten. Beispiele für die Arbeitsblätter finden Sie in *Abb. 1* und *2*.

Die Olchis

Lieblingsgetränke:
_____

Lieblingsspeisen:
_____

Lieblingsbeschäftigungen:
_____

Lieblingsolchi:
_____

Lieblingslied der Olchis:
_____

Abb. 1

Was mögen Olchis?
_____

Was mögen Olchis nicht?
_____

Was möchtest du gerne machen, was die Olchis auch gerne machen?
_____

Was magst du an den Olchis gar nicht?
_____

Abb. 2

Pflichtaufgaben	Freiwillige Aufgaben
• Lieblingssachen der Olchis beschreiben im Lesetagebuch • Fragen zu den Olchis beantworten • Olchi-Elfchen schreiben • Olchi-Weihnachtsbaum schmücken • Olchi-Plätzchen backen • Olchi aus Ton gestalten	• Olchi-Kinderzimmer malen • Olchi-Lied singen und evtl. Liedtext schreiben • Olchi-Rezept erstellen • Olchi-Sprüche sammeln • Olchi-Engel gestalten

Abb. 3

Weitere Aufgabenstellungen waren:
- Was könnten die Olchis noch auf dem Weihnachtsmarkt verkaufen?
- Was würdest du den Olchis zu Weihnachten schenken?
- Mein Olchi Rezept für …
- Coole Olchi-Sprüche …

Ein Bild der Olchi-Familie war eingescannt und als Wasserzeichen unter alle Arbeitsblätter unterlegt worden. Somit entsprachen die Arbeitsblätter den kommerziellen Freundschaftsbüchern. Zudem hatten alle Blätter einen Schmuckrahmen. In das eingescannte Bild der Olchis auf dem Weihnachtsmarkt (Buch, S. 26) hatte ich Sprechblasen eingebaut. Die Schülerinnen und Schüler sollten passende Ausdrücke und Sätze einsetzen, um die Olchiprodukte anzupreisen.

Die Kinder sammelten ihre bearbeiteten Aufgaben in einem Ordner, um dann zum Schluss ihr Olchi-Buch zu binden. In der Klasse wurde ein großes Plakat mit einem Bild der Olchi-Familie und der Frage „Was möchtest du den Olchis sagen?" aufgehängt. Während der gesamten Unterrichtseinheit konnten die Kinder ihre Meinung zu dem Buch und der speziellen Familie hier festhalten.

Den Schülerinnen und Schülern stand für die Arbeit am Freundschaftsbuch und darüber hinaus ein vielseitiges Materialangebot mit Pflicht- und Wahlaufgaben zur Verfügung. Die Arbeitsaufträge konnten sie in selbst gewählten Sozialformen bewältigen. Gleichzeitig beinhaltete diese ganzheitlich orientierte Arbeitsform differenzierte Aufgaben für leistungsstarke und schwächere Schülerinnen und Schüler (siehe Abb. 3). Die Kinder arbeiteten in festgelegten Stunden an dem bereitgestellten Arbeitsmaterial eigenständig weiter.

In der Unterrichtseinheit gab es feste Lesezeiten, Stunden für bildnerisches Gestalten (siehe Abb. 4) und Phasen, in denen neue Inhalte und Techniken eingeführt und geübt wurden. In einer dieser Stunden wurde ein kurzer lyrischer Text erarbeitet.

Ein „Elfchen" schreiben

Das „Elfchen" ist ein Gedicht, das aus elf Worten besteht. Es bietet sich in der zweiten Klasse geradezu an, um allen Kindern Erfolgserlebnisse bei der Textproduktion zu ermöglichen. Es hat eine klare Struktur (siehe Abb. 5), der Inhalt ist von „ein-

Abb. 4

RUND UM WEIHNACHTEN

```
1. Zeile = 1 Wort    -> eine Farbe ...
2. Zeile = 2 Wörter  -> etwas, was diese Farbe hat/ein Gegenstand in dieser
                        Farbe ...
3. Zeile = 3 Wörter  -> was es tut/wo es ist/genauere Bestimmung des
                        Gegenstandes ...
4. Zeile = 4 Wörter  -> erzählt noch mehr/evtl. einen Ich-Satz bilden
5. Zeile = 1 Wort    -> ein Abschlusswort/z. B. Gegensatz, Zusammen-
                        fassung ...
```

Abb. 5: Formaler Aufbau eines Elfchens

Grün	Olchis	Grün
Olchi-Kinder	Olchis stinken	Olchis stinken
Mögen viel Dreck	Olchis lieben Müll	Steife harte Haare
Stinken tun sie sehr	Olchis putzen keine Zähne	Sie haben drei Hörner
Olchi	Pfui	Olchis
Stefanie	*Yannik M.*	*Michele*

Abb. 6: Schülerergebnisse

Rezept für die Stinkerplätzchen	Kuchenrezept	Olchi-Opas Lieblingssuppe
500g Kalk 200g Hobelspäne 1 Tl Knallpulver 125 ml Regenwasser 25 g ranzige, stinkige Butter 1 faules Ei Stinkerstreusel und weißer Schleim	3g Schlamm, 5 Krötenaugen, 6g Schneematsch, 20 Reißnägel, 1 Schuhsohle, mit Pippi vermischen, dann umrühren, dann backen. *Aaron*	Fischgräten anbraten und Schlamm dazugeben. Mit Schuhsohlen kochen lassen und Blech hineinbröseln. Frischen Schneematsch dazugeben. Guten Appetit! *Sarah*

Abb. 7: Olchi-Rezepte

fach" bis „schwer" zu gestalten, lässt sprachliche Kreativität zu, es bedeutet nicht so viel Schreibarbeit. Auch schwächere Schülerinnen und Schüler erzielen gute Ergebnisse, da Rechtschreibprobleme und Schwächen im sprachlichen Ausdruck nicht im Vordergrund stehen.

Wir haben diese Form folgendermaßen eingeführt: An einem Morgen kam ich mit einem vollkommen zerknüllten, schmutzigen und mit Fettflecken übersäten Brief in die Klasse, der an meine Klasse gerichtet war. Ein Kind las den Text vor, der u. a. ein Elfchen für die Kinder beinhaltete.

Nachdem der Text vorgelesen und die Form analysiert war (zum Veranschaulichen stand das Elfchen noch auf Folie), sammelten die Kinder in Gruppenarbeit Olchi-Wörter im Cluster-Verfahren, die sie für ihr Elfchen verwenden konnten. Danach begann die Produktion. Abschließend wurden alle Ergebnisse (Beispiele siehe *Abb. 6*) präsentiert und reflektiert.

Innerhalb des integrativen Deutschunterrichts wurden regelmäßig kurze Rechtschreibübungen eingebunden, um den Wortschatz (speziell Wörter zum Thema Weihnachten) zu festigen. Wir schrieben ein kurzes Diktat, das die geübten Wörter beinhaltete. Das Diktat wird als normaler Unterrichtsbestandteil vermittelt. Langfristig soll so die Angst vor dieser Überprüfungsform abgebaut werden.

Wir backen mit den Olchis

Das Erarbeiten des Sachtextes „Rezept" in Verbindung mit kreativem Schreiben ergibt sich bei den Olchis aus dem Text (S. 20). Der Fantasie der Kinder schien dabei keine Grenzen gesetzt zu sein, und die Aufgabe wurde von allen Schülerinnen und Schülern gerne bearbeitet. Ein normales Rezept wurde von den Kindern in die Olchi-Sprache umgewandelt (siehe *Abb. 7*). Anschließend wurden Kekse nach normalem Rezept gebacken.

Unsere Olchi-Weihnachten

Zu Weihnachten gehört natürlich auch ein schöner Weihnachtsbaum. Unser „wunderbarer Plastikweihnachtsbaum", der mitten im Klassenzimmer aufgestellt wurde, schmückten wir im Olchi-Stil. Die Kinder brachten passende Gegenstände mit: eine alte Socke, die Schuheinlegesohle eines Opas, eine kaputte Glühbirne, Dosen, einen kaputten Kinderschuh ... Zusätzlich hatten einige Kinder „Olchi-Engel" (Vorlage im Kinderbuch auf S. 61) gebastelt, die an den Baum gehängt wurden. Wer mag kann auch noch das „Olchi-Lied" in diese Unterrichtseinheit integrieren. Im gestalterischen Bereich formten die Kinder aus Ton und kleinen Holzstückchen ihre eigenen Olchis (siehe *Abb. 8*).

Abb. 8

Foto: Gerd Cichlinski

▶ **Literatur**

Dietl, Erhard: Die Olchis feiern Weihnachten. Hamburg 2016
Haas, Gerhardt/Menzel, Wolfgang/Spinner, Karl-Heinz: Handlungs- und produktionsorientierter Literaturunterricht. In: Praxis Deutsch, Heft 123/1994, S. 25

RUND UM WEIHNACHTEN

Weihnachten zwischen Kommerz, Kultur und Christuskind

VON INGRID WIEDENROTH-GABLER

Weihnachten steht ganz am Anfang des Winters. Welche Bedeutung hat das Fest für uns und für die Schülerinnen und Schüler?

Wie kein anderes Fest prägt Weihnachten unsere Lebensgeschichte und unsere jahreszeitliche Wahrnehmung: Weihnachten ist verbunden mit familiär geprägten Fest-Ritualen, mit teilweise verklärten Kindheitserinnerungen, mit der Sehnsucht nach Heimat, nach Licht in der dunklen Jahreszeit, nach Besinnlichkeit, nach Frieden – in der Familie und darüber hinaus. Diese Bedürfnisse haben ihren Sinn, jedoch wird man nicht leugnen können, dass sie medial benutzt und teilweise auch enteignet werden. Die von der Werbung vorgegaukelte Idylle, die mit dem Erwerb von Konsumartikeln verheißen wird, zeigt sich trotz aller Bemühung in der Realität eher selten. Die Märchenwelt aus Weihnachtsmann, Rentiergespann, von Engeln bevölkerten himmlischen Weihnachtsbäckereien und sonstigen Zauberwesen wird meist spätestens mit Eintritt in die Grundschule entzaubert – eine Desillusionierung, die auch Krisen im Hinblick auf die Glaubwürdigkeit der Eltern auslösen kann und mitunter einher geht mit der Verabschiedung eines Wunscherfüller-Gottes, sofern er weihnachtsmannähnliche Züge hat.

Auch in den Schulen fängt mit Beginn der Adventszeit – die kalendarisch im Herbst liegt – ein überaus geschäftiges Tun an: Kalender werden gebastelt, Kerzen angezündet, Morgenkreise inszeniert, Eltern zu Bastelaktionen und „gemütlichem Beisammensein" in die Schule eingeladen. Diametral steht für die meisten das Bedürfnis nach Besinnlichkeit und Ruhe der Erfahrung von Hektik, Großeinkäufen und Terminstress aufgrund von Pflicht-Weihnachtsfeiern gegenüber. Die Kirchen sind in dieser Zeit so gefüllt wie sonst während des ganzen Jahres nicht; der Besuch des Gottesdienstes am Heiligabend und für Kulturbeflissene der Genuss des Weihnachtsoratoriums oder eines anderen geistlichen Konzertes gehören einfach dazu.

All diese Ambivalenzen und Disparitäten werden auch von Kindern wahrgenommen. Und dennoch: Auch der schärfste Weihnachtskritiker wird sich eingestehen müssen, dass der Wunsch nach einem frohen Weihnachtsfest tief in unserem (Un-)Bewusstsein verankert ist.

THEOLOGISCHE GRUNDLAGE: DIE BIBLISCHE FEST-LEGENDE

Theologisch betrachtet ist das Weihnachtsfest zweitrangig. So hat sich der Weihnachtsfestkreis erst nach dem Osterfestkreis entwickelt, auch die Entstehung der eigentlichen Weihnachtsgeschichten in der Bibel ist sekundär. Während das älteste Evangelium nach Markus gar keine Geburtsgeschichte kennt (hier wird Jesus quasi durch Adoption bei der Taufe zum Sohn Gottes berufen), erzählen nur Lukas und Matthäus von der Geburt Jesu, mit unterschiedlichen Akzenten. So wird man sich

RUND UM WEIHNACHTEN

von der Vorstellung verabschieden müssen, dass die Erzählungen historisch abgesicherte biografische Details vermitteln wollen, sie haben vielmehr eine theologische Bedeutung. Auch hier wird man wieder die „Osterbrille" anlegen müssen: Von der Erfahrung her, dass der gekreuzigte Jesus von Gott auferweckt worden ist, wollen die Evangelisten in ihren Erzählungen zeigen: Jesus ist von Anfang an der verkündigte Messias, er ist derjenige, auf den die Verheißungen der Propheten Micha und Jesaja zutreffen. Diese Erfüllungszitate haben insbesondere bei Matthäus in den Kapiteln 1,18–2,23 eine wichtige Bedeutung: Er zeigt auf, dass der Sohn Gottes von Anfang an der endgültige verheißene Erlöser ist. Bedeutsam ist dem Evangelisten, dass die Heilsgeschichte von Beginn an die Heiden einbezieht, denn die Magier aus dem fernen Land sind es, die den Retter aufgrund des bemerkenswerten Sternes aufsuchen und ihm huldigen.

Lukas legt in seiner Version in Kapitel 2,1.21 (Vorgeschichte 1,5–2,80) einen anderen Akzent: Er entfaltet die Geburt Jesu als Heilsplan Gottes, verknüpft das Schicksal Jesu von Anfang an mit dem des Täufers Johannes, dem Vorläufer des endgültigen Messias. In diesem unscheinbaren Kind Jesus kommt der erhoffte Weltenkönig zur Welt, ist aber paradoxerweise an seiner Niedrigkeit zu erkennen: schon die Begleitumstände seiner Geburt sind prekär, in einer zugigen Höhle – einem Stall –, da es keinen Platz in der Herberge gibt. Das Geschehen hat von Anfang an eine politisch-soziale Perspektive: So wie der Gottessohn in Armut zur Welt kommt, so wird den Armen das Heil zugesprochen, die Herrschaft der Mächtigen wird in dem Magnificat der Maria, durch die Anbetung der Hirten (gesellschaftliche Verlierer) und die Verkündigung der Engel in Frage gestellt. Verheißen werden universale Vorstellungen von einem umfassenden Frieden, der sich in Heil, Glück und Gerechtigkeit dokumentiert. Die den beiden Evangelisten gemeinsamen Details verweisen ebenfalls auf eine theologische Dimension: die Jungfrauenschaft Marias, die Namensgebung Jesu durch den Boten Gottes, der weniger historische als theologische Geburtsort Bethlehem (Bethlehem ist der Herkunftsort von König David und wird von dem Propheten Micha als Geburtsstätte des erwarteten Messias geweissagt). Nicht weil die Geburt Jesu wunderbar ist, ist er der Gottessohn, sondern weil er der Sohn Gottes von Anfang ist, ist seine Geburt wunderbar. Fragen wir nach der theologischen Wahrheit der Texte, können wir festhalten: Sie wollen keine historischen Tatsachen berichten, sondern menschliche Grunderfahrungen mit Gott erzählen: Die befreiende Macht Gottes kommt nicht in Herrlichkeit, sondern in Verborgenheit. Jesus wird der alttestamentliche Titel „Gottessohn" zuerkannt, er wird zum bevollmächtigten Beauftragten der rettenden Macht Gottes. Der damit verbundene Schalom-Friede wird als Geschenk Gottes an die Menschen qualifiziert. Die Texte wollen zur Glaubensentscheidung aufrufen, wobei geltende Wertvorstellungen von Macht auf den Kopf gestellt werden. Die Gottesherrschaft ist ein Prozess und stellt eine heil- und friedvolle Gegenwelt dar.

ENTWICKLUNG DES FESTKREISES UND BRAUCHTUMS

Sowohl die Terminierung als auch die Gestaltung des Weihnachtsfestes ist mit der Ambivalenz von Licht und Dunkelheit verknüpft. In Anlehnung an die Verheißung des Propheten Jesaja (9,1f.): „Das Volk, das im Dunkeln wandert, sieht ein großes Licht" wird das Weihnachtsfest mit der Lichtsymbolik der Sonne verbunden und anders als das Osterfest nicht an den jüdischen Festkalender mit dem zugrunde liegenden Mondrhythmus, sondern an das Sonnenjahr angepasst. Vermutlich erfolgt eine Verchristlichung des Sonnenfestes, das Kaiser Aurelian 274 mit dem Fest des unbesiegten Sonnengottes in die Nähe der Wintersonnenwende auf den 25. Dezember festgelegt hat. So wird der Erlöser als Sonne der Gerechtigkeit oder als Licht der Welt stilisiert.

Der Weihnachtsfestkreis entwickelt sich ab dem 4. Jahrhundert, die Ausgestaltung orientiert sich an dem Osterfestkreis, beiden geht eine Fastenzeit voraus. Den Abschluss bildet das Lichtmess-Fest am 2. Februar. In der Ostkirche dauerte die vorweihnachtliche Fastenzeit 40 Tage, in der römischen Kirche wurde die Adventszeit auf 4 Sonntage verkürzt. Das Weihnachtsfest beginnt am 25. Dezember, daran schließen sich die Festtage zu Stephanus und Johannes an, am 28. wird am Fest der unschuldigen Kinder der Kindstötung durch Herodes nach Mt 2,13–18 gedacht. Der 1. Januar, der Neujahrstag, wird auch als Tag der Namensgebung Jesu gefeiert. Herausragend ist das Epiphaniasfest am 6. Januar, hier soll die Bedeutung der Königsherrschaft Jesu – trotz der ärmlichen Begleitumstände seiner Geburt – gedacht werden. Unter Bezug auf die Anbetung der Magier (Heiligen Könige) werden in katholischen Gegenden von Sternsängern die Häuser gesegnet (CMB für Christus mansionem beneficat – Christus segnet dieses Haus). Ab dem 3. Jahrhundert ist an diesem Tag auch die Taufe Jesu gefeiert worden. Am 40. Tag nach der Geburt Jesu findet das Lichtmessfest statt, bei den Katholiken findet eine Lichterprozession statt. Wenn der Tag auf einen Sonntag fällt, wird bei den Protestanten entsprechend Lk 2,22–39 die Begegnung des Jesuskindes mit dem alten Simeon thematisiert.

Etymologisch geht der Name des Festes einerseits auf „geweihte Nacht, heilige Nacht" zurück, was sich in den germanischen Sprachen durchgesetzt hat; andererseits besteht ein Bezug zu dem lateinischen Begriff für „Geburtstag des Herrn Jesus Christus", „dies nativitas" oder „natalis", wodurch die romanischen Sprachen geprägt sind (Navidad, Noel).

In Anlehnung an Marianne Mehling (1980) können die wichtigsten Weihnachtssymbole wie in Abb. 1 charakterisiert werden. Bemerkenswert ist, dass Weihnachten in verschiedenen Regionen, aber auch in verschiedenen Ländern mit unterschiedlichem Brauchtum in Bezug auf Speisen, Rituale und Gewohnheiten verbunden ist. Dies eröffnet eine didaktische Perspektive hinsichtlich einer Schülerschaft, die zunehmend aus unterschiedlichen kulturellen Kontexten stammt.

WEIHNACHTEN IM UNTERRICHT

Es weihnachtet sehr: Entdeckungen machen

Gerade weil Weihnachten mittlerweile nicht mehr nur ein christlich-religiöses, sondern viel stärker ein kulturelles Fest geworden ist, muss man es auch in der Schule berücksichtigen. Hierin können Chancen des interkulturellen und interreligiösen Lernens verwirklicht werden. Dabei ist je nach religiös-kultureller Zusammensetzung der Klassengemeinschaft zu entscheiden, wie stark der spezifisch christliche Hintergrund des Festes einbezogen werden soll. So sollten in einer Klasse mit vielen muslimischen Kindern nicht ungefragt liturgisch geprägte Rituale wie das Anzünden von Kerzen als Erinnerung an die Geburt Jesu oder das Singen von Weihnachtsliedern durchgeführt werden. Da aber auch viele muslimische Familien Elemente der Weihnachtsbräuche wie Geschenke, Tannenbaum aufgenommen haben, bietet sich ein Austausch darüber an, wie die unterschiedlichen Familien Weihnachten feiern. Dazu können Rezepte ausgetauscht und ausprobiert werden und eine gemeinsame vorweihnachtliche Feier gestaltet werden. Die Aufgaben auf S. 47 laden dazu ein, die unterschied-

Rot – Grün – Weiß	Weihnachtsfarben: rot = Liebe, Freude, (Königs)Würde, Blut Christi; grün = Treue/Hoffnung; weiß = Unschuld, Christusfarbe
Adventskranz	Vor 150 Jahren: Wichern, Rauhes Haus in Hamburg, ursprünglich 24 Kerzen; Aufnahme des Kreis-/Sonnenmotivs
Barbarazweige	Obstbaumzweige am 4. Dez. geschnitten und in beheizten Raum gestellt, blühen Weihnachten Biblischer Bezug: „Und es wird ein Reis hervorgehen aus dem Stamme Isais, und ein Zweig aus seiner Wurzel Frucht bringen." (Jes 11,1)
Nikolaus / Knecht Ruprecht	Bischof von Myra 4. Jh.; Heiliger (6. Dez.); verschiedene Legenden Knecht Ruprecht: Strafende Seite; Rute: vorchristl. Symbol für Leben
Stiefel	Nikolaustag (Legende: Arme Kinder bekommen Kleidung und sogar Schuhe; in den Schuhen steckt Spielzeug/Süßigkeiten)
Krippe	erstmals erwähnt 1223; Tradition: Weihnachtsweg; nach der Reformation: Krippe = kath./Tannenbaum = ev.
Stroh	Bezug zur Krippe; Strohsterne
Windel	Kind durch und durch
Hirten	Die ersten, die von der Geburt des Kindes erfahren
Engel	Bote Gottes; Verkündigung an Maria und die Hirten; himml. Heerscharen
Ochs – Esel – (Schaf)	Tugenden: Stolz – Dummheit – Unschuld christl.: Beharrlichkeit – geduldiges Tragen – Opfer Biblischer Bezug: „Ein Ochse kennt seinen Herrn und ein Esel die Krippe seines Herrn; aber Israel kennt's nicht, und mein Volk versteht's nicht." (Jes 1,3)
drei Weise/Könige	Sternkundige; Geschenke sind „königlich": Gold = Reichtum, Macht; Weihrauch = Opfer; Myrrhe = Arznei
Stern	Jahreszeiten, Kalender, Astrologie; führt die Weisen (Sterndeuter)
Geschenke	zuerst nur für Kinder (Nikolaus); seit ca. 250 Jahren auch für Erwachsene; Geschenke der 3 Weisen
Weihnachtsmann	säkularisierter Nikolaus, 19. Jh., Geschenkebringer, auch Christkind oder St. Claus – mit Rentier erstmals Kinderbuch von Lewis Carol 1821
Kerze	lebendiges Licht, Wärme; Christus, das Licht der Welt; Christus verzehrt sich wie die Kerze für uns; Transparente; Biblischer Bezug: „Christus, das Licht der Welt"
Tannenbaum	vorchristl.: Baum = Leben; Paradiesbaum; stachelige Tannen an der Tür sollten böse Geister abwehren / 1559 erster Weihnachtsbaum in Straßburg belegt; seit 200 Jahren zum Symbol dt. Weihnacht; Immer-grün = ewige Treue; Biblischer Bezug: „Ich will sein wie eine grünende Tanne." (Hosea 14,9)
Misteln	vorchristl.: geheimnisvolles Gewächs; wächst nicht in der Erde sondern auf Bäumen
Weihnachtspyramide	Krippe u. Lichterbaum in einem (Erzgebirge)
Apfel	Fruchtbarkeit, Leben; Paradies (Sündenfall); Farben: rot, weiß
Kugeln	Kreisform in 3. Dimension: Vollkommenheit; wie glitzernde Edelsteine; Verbindung zu Apfel
Nüsse	harte Schale (Krippe) – süßer Kern (Christus); verborgener Ratschluss Gottes
Glocke	Friedensruf; Warnsignal; ruft zum Gottesdienst
Lametta	erinnert an Eiszapfen = Winter; kostbarer Schmuck (Könige); vgl. auch Engelshaar
Lebkuchen/ Pfefferkuchen	Leb = Leib = Heil; gebacken mit Zutaten aus der Kräuterapotheke; Pfeffer = alle fremden und darum kostbaren Gewürze; Nelken = Nägel der Kreuzigung
Spekulatius	speculator (lat.) = Aufseher, Bischof; Darstellungen aus den Nikolauslegenden (6. Dez.)
Christstollen	gewickelt und weiß gepudert = Windel; das Kind in der Krippe (28. Dez. Tag der unschuldigen Kinder)
Stutenkerle	Lebkuchenmännchen; Erinnerung an heidnische Opfer
Wunderkerze	Funkelnde Sterne, Weihrauch

Abb. 1: Die wichtigsten christlichen Weihnachtssymbole.

RUND UM WEIHNACHTEN

lichen Hinweise auf Weihnachten zu entdecken und eigene Erfahrungen einzubringen. Ziel ist es, gemeinsam ein Plakat zu gestalten: Woran merkt man, dass es Weihnachten wird?

Die Auseinandersetzung mit den biblischen Hintergründen des Weihnachtsfestes kann vornehmlich im christlichen Religionsunterricht durchgeführt werden. Da aber Jesus unter dem Namen Isa auch im Koran eine besondere Bedeutung hat und seine Geburt wunderbare Züge trägt, können in einem religiös übergreifenden Unterricht die unterschiedlichen Geschichten erzählt und miteinander verglichen werden. Die Kinder können selbst Collagen erstellen, was sie mit dem Fest verbinden, sie können ihr Wunsch-Weihnachtsprogramm gestalten und ihre Wünsche zum Ausdruck bringen.

Die Weihnachtsgeschichte entdecken

S. 48 beleuchtet die Kernaussage der biblischen Geburtserzählungen: Der erwartete Messias kommt nicht in Macht und Herrlichkeit, sondern in Ärmlichkeit und Schwäche zur Welt.

Hier soll nicht mit moralischem Zeigefinger gegen Geschenke und Konsum vorgegangen werden, aber es soll klar werden, dass die Botschaft von Weihnachten sich gerade an die Menschen richtet, die in Hoffnungslosigkeit und Armut leben. Aus diesem Grund kann besonders hervorgehoben werden, welche Hoffnungen sich zur Zeit Jesu mit dem erwarteten Messias verbunden haben. Die Schülerinnen und Schüler erfahren, dass die Kinder damals unter Hunger litten, dass die Menschen von den römischen Besatzern mit Zwangsabgaben bedrängt waren, dass sich ihre Hoffnungen auf einen Retter richteten, der die materiellen Bedürfnisse erfüllt und die Unterdrückung beendet. Dadurch kann sich ein Blick für die eigentliche Weihnachtsbotschaft entwickeln: Gerade den Bedrängten und den Ausgegrenzten wird Frieden und Gerechtigkeit zugesprochen. Gott selbst macht der Welt in diesem Kind ein Geschenk! Es wäre einiges gewonnen, wenn den Lernenden damit die Mitte des eigentlichen Festes verdeutlicht wird. Dazu ist sicher die Erfahrung von Licht und Dunkelheit ein geeigneter didaktischer Zugang, darüber kann das Bildwort erschlossen werden: Was bedeutet es, im Dunkeln zu leben, was macht unser Leben hell? Die Lehrkraft sollte entscheiden, welche der beiden Weihnachtsgeschichten aus der Bibel sie auswählt. Auf dem Arbeitsblatt (siehe S. 48) sollen die Schülerinnen und Schüler sich in die Rolle der Beteiligten hineinversetzen und ihre Deutung der Ereignisse aufschreiben. Dazu kann verdeutlicht werden, in welcher gesellschaftlich ausgegrenzten Position sich die Hirten befanden. Wenn das Magnifikat in Lukas 1, 46–55 im Unterricht behandelt wird, kann herausgefunden werden, in welcher zwiespältigen Situation zwischen Stolz, Freude einerseits und Verwunderung und Selbstzweifel andererseits sich die junge Frau Maria befunden haben könnte und welche Hoffnungen sie auf ihren Sohn richtet.

Schenken und beschenkt werden

Mit Hilfe von S. 49 soll die Botschaft von Weihnachten auf heutige Lebensverhältnisse übertragen werden. Mitunter wirkt es ja fast zynisch, wenn weltweit die Weihnachtsbotschaft von Frieden und Gerechtigkeit verkündigt wird, aber kaum etwas gegen die konkrete und gegenwärtige Erfahrung von Hunger, Krieg, Ausbeutung getan wird. Es wäre sicher falsch, den Kindern die Verantwortung für den Weltfrieden zu übertragen, zumal es auch in Deutschland zunehmend Kinder gibt, die sich ausgegrenzt und arm fühlen. Auch sollen keine Einmal-Aktionen von wohlmeinenden Spendenaufrufen zur Beruhigung des schlechten Gewissens durchgeführt werden. Gleichwohl können im Sinne von Verlockungsmodellen sinnvolle Aktionen der Diakonie, von Wohlfahrtsverbänden oder Bürgerinitiativen unterstützt werden. Denkbar wäre auch, dass die Lerngruppe Lieder und Texte vorbereitet und diese in sozialen Einrichtungen vorträgt. So wie sie angeregt durch das Lied vom „Verlorenen Jesus-Kind" darüber nachdenken können, was im Sinne Jesu heute getan werden kann, so können sie dadurch erfahren, dass wahre Weihnachtsfreude entsteht, wenn man andere Menschen beschenkt, das Licht der Weihnacht weitergibt – auch ohne materielle Geschenke. Es soll verdeutlicht werden, dass gerade die Armen und Hoffnungslosen die Adressaten der Weihnachtsbotschaft sind. Der Text von Rolf Krenzer kann den Gegensatz von Trubel und Ruhe, von Reich und Arm, von Macht und Ohnmacht thematisieren und die Sehnsucht nach echter Weihnachtsfreude wach halten.

DIE AUTORIN

Dr. Ingrid Wiedenroth-Gabler ist akademische Oberrätin am Seminar für Evangelische Theologie der TU Braunschweig.

LITERATUR

Berg, Sigrid: Arbeitsbuch Weihnachten für Schule und Gemeinde. Stuttgart/München 1988

Bieritz, Karl-Heinz: Das Kirchenjahr. Fest, Gedenk- und Feiertag in Geschichte und Gegenwart. München 1998

Klaaßen, Anne (Hrsg.): Schönberger Impulse, Praxisideen Religion. Nun sei uns willkommen. Advent und Weihnachten entdecken, bedenken und feiern. Frankfurt/M. 2006

Mehling, Marianne: Die schönsten Weihnachtsbräuche. München/Zürich 1980

Stork, Dieter: Arbeitsbuch Weihnachten. Informationen, Praxistipps und Projektideen für Schule und Gemeinde. Stuttgart 2006

Es weihnachtet sehr

- Es ist gelb, hat Zacken und leuchtet.
- Wir denken am 6. Dezember an ihn.
- Wir zünden ihn jeden Adventssonntag an.

Zu Weihnachten gibt es vieles zu entdecken.

- Es duftet herrlich und wir essen es gern.
- Wir befestigen Kugeln und Kerzen daran.
- Ein Wesen mit Flügeln.

Der Weihnachts-............erinnert an die Geburt in Bethlehem, er verkündet es den Hirten.	Der............war ein Bischof, der arme Kinder beschenkt hat.	Der Weihnachts............ ist immer grün und zeigt, dass auch im Winter Leben da ist.
Der............ ist rund und soll mit seinen Lichtern die Freude auf Weihnachten anzeigen.	Das Weihnachts............ (Kekse, Stollen) soll das Warten auf Weihnachten versüßen.	Der Weihnachts............ hat den Weisen aus dem Morgenland den Weg zum Jesuskind gezeigt.

W............
E............
I............
H............
N............
A............
C............
H............
T............

So riecht Weihnachten:

So schmeckt Weihnachten:

So klingt Weihnachten:

1. Zeichne die passenden Dinge ein und ergänze die Wörter.
2. Trage Weihnachtswörter mit den Anfangsbuchstaben ein.
3. Ergänze die Sätze.
4. Überlege: Warum freust du dich auf Weihnachten? Wie feiert ihr in eurer Familie Weihnachten?

Ein Licht scheint in der dunklen Nacht: Jesus wird geboren

Die Menschen in Palästina leiden unter Unterdrückung, Hunger, Steuern.

Denn siehe, euch ist heute der Heiland geboren.

Die Geschichte von der Geburt Jesu

Maria, die Mutter erzählt:

Ihre Hoffnungen und Wünsche:

Die armen Hirten erzählen:

Die Weisen aus dem Morgenland erzählen:

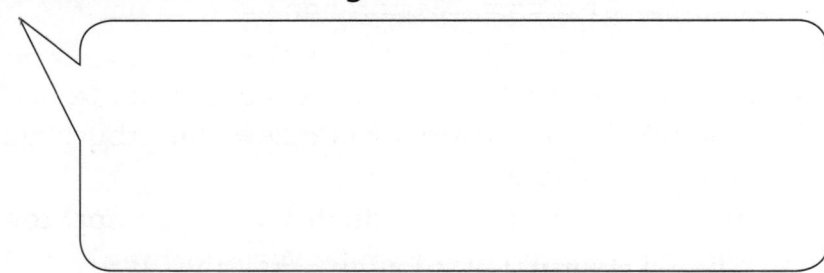

1. Lasst euch die Weihnachtsgeschichte erzählen!
2. Tragt die Wünsche und Hoffnungen der armen Menschen in Palästina ein.
3. Überlegt: Wie erzählen Maria, die Hirten und die Weisen von der Geburt Jesu?

Die Weihnachtsfreude weitergeben

Tragt in die Welt nun ein Licht

Das Lied vom verlorenen Jesuskind

„Jesuskind, wo bist du? Du bist nicht mehr zu sehn.
Leer ist deine Krippe, wo Ochs und Esel stehn ...
Ich seh Maria, die Mutter, und Joseph Hand in Hand,
ich seh die schönen Fürsten vom fernen Morgenland.
Doch dich kann ich nicht finden:
Wo bist du, Jesuskind?"
„Ich bin im Herzen der Armen, die ganz vergessen sind."

„Maria, voller Sorgen, die sucht dich überall,
draußen bei den Wirten, in jeder Eck im Stall.
Im Hof ruft Vater Joseph und schaut ins Regenfass.
Sogar der Mohrenkönig, er wird vor Schrecken blass.
Alles sucht und ruft dich:
Wo bist du, Jesuskind?"
„Ich bin im Herzen der Kranken, die arm und einsam sind."

„Die Könige sind gegangen, sie sind schon klein und fern;
die Hirten auf dem Felde, sie sehn nicht mehr den Stern.
Die Nacht wird kalt und finster – erloschen ist das Licht.
Die armen Menschen seufzen: Nein, nein, das war Er nicht!
Doch rufen sie noch immer:
Wo bist du, Jesuskind?"
„Ich bin im Herzen der Heiden, die ohne Hoffnung sind."

Jean Anouilh

Wann fängt Weihnachten an?

Wenn der Schwache
dem Starken die Schwäche
vergibt,
wenn der Starke
die Kräfte des Schwachen liebt,
wenn der Habewas
mit dem Habenichts teilt,
wenn der Laute
bei dem Stummen verweilt
und begreift,
was der Stumme ihm sagen will,
wenn das Leise
laut wird
und das Laute still,
wenn das Bedeutungsvolle
bedeutungslos,
das scheinbar Unwichtige
wichtig und groß,
wenn mitten im Dunkel
ein winziges Licht
Geborgenheit,
helles Leben verspricht,
und du zögerst nicht,
sondern du
gehst
so wie du bist
darauf zu,
dann,
ja, dann
fängt Weihnachten an.

Rolf Krenzer

1. Überlegt: Was könnt ihr tun, um die Weihnachtsfreude weiterzugeben? Schreibt es auf die Strahlen!
2. Lest den Text vom „Verlorenen Jesuskind" Spielt das Lied nach. Was bedeutet der Text?
3. Lest das Gedicht von Rolf Krenzer mit verschiedener Betonung.
4. Schreibt selbst Texte: Wann fängt Weihnachten an?

RUND UM WEIHNACHTEN

Spaß am Lesen und Schreiben mit einer Lesewerkstatt

Susanne Bresser

Die Freude am Lesen und Schreiben soll mithilfe einer differenzierten Lese- und Schreibwerkstatt gefördert werden.

Die hier vorgestellte Lesewerkstatt bietet Kindern in den ersten beiden Schuljahren die Möglichkeit, selbstständig und individuell eine Geschichte zu lesen und verschiedene Aufgaben und Arbeitsaufträge dazu zu bearbeiten, um sich mit dem Inhalt der Geschichte auseinander zu setzen. Der Schwerpunkt liegt dabei auf dem selbstständigen Erlesen und der selbstständigen Bearbeitung des Textes. So können die Schüler ihrem Lesefortschritt entsprechend arbeiten.

Durch Differenzierung einzelner Stationen lassen sich alle Schülerinnen und Schüler integrieren. Jedes Kind findet für seine Lese- und Schreibstufe passende Arbeitsmöglichkeiten. Ziel ist das Erlesen des Textes und die Förderung der Freude am Lesen durch kurze Texte.

Zur Geschichte

Der Inhalt des Textes von *Jürgen Banscherus* „O Tannenbaum" stammt aus der Lebenswelt der Kinder. Die Geschichte handelt von einer Familie (Mama, Papa und Nils), die den Heiligabend auf lustige, spannende und überraschende Art erlebt. Die Spannung wird langsam aufgebaut.

Zu Beginn ist die Mutter im üblichen Festtagsstress, sie bereitet in der Küche das Essen zu. Der Vater und Nils sollen noch den vergessenen Baum besorgen. Als sie nirgendwo mehr einen bekommen und die Mutter mit einzelnen Tannenzweigen nicht zufrieden ist, fahren die beiden in den Stadtwald und graben heimlich eine Fichte aus. Sie werden vom Förster überrascht und mitsamt Baum zur Polizei gebracht.

Das Ende ist verblüffend. Nach einem Telefonat kommt die Mutter mit dem Essen und allen Geschenken zur Polizeiwache. Gemeinsam mit den Polizisten und dem Förster feiern Mama, Papa und Nils ein wunderschönes Weihnachtsfest. Auch die Fichte wird noch gerettet, der Förster pflanzt sie am nächsten Tag wieder ein.

Der Text ist auf 16 Seiten verteilt. Die Seiten lassen sich kopieren, falten und zu einem Buch heften. Zur besseren Übersicht wurde der Text in Sinn- und kurze Leseabschnitte gegliedert. Die kurzen verständlichen Sätze und die kindgerechte Sprache ermöglichen ein selbstständiges Erlesen der Geschichte durch die Kinder. Mögliche unbekannte Wörter (z. B. Safran, Liebstöckel) lassen sich in der Lesewerkstatt („Erklärung unbekannter Begriffe") klären.

Die Geschichte im Unterricht

Es bieten sich zwei Möglichkeiten des Umganges mit der vorgestellten Lesewerkstatt an. Einerseits kann die Geschichte im Klassenverband gemeinsam erlesen werden. Es ist sinnvoll, die Geschichte kurz vor Weihnachten zu lesen. Die Kinder im zweiten Schuljahr sollten zu dieser Zeit bereits alle in der Lage sein, diesen Text zu lesen.

Jürgen Banscherus

Jürgen Banscherus wurde 1949 in Remscheid-Lennep geboren. Nach dem Abitur studierte er in Münster und Bonn Geistes- und Sozialwissenschaften. Nach dem Examen war er in verschiedenen Berufen tätig: Journalist, wissenschaftlicher Mitarbeiter in der Forschung, Verlagslektor, Dozent in der Erwachsenenbildung. Seit 1989 arbeitet *Jürgen Banscherus* als freier Schriftsteller. Er ist verheiratet und hat zwei Kinder, lebt in Witten an der Ruhr.

1985 erschien sein erstes Kinderbuch. Heute schreibt *Jürgen Banscherus* für Leseanfänger, Kinder und Jugendliche, auch für junge Erwachsene. Er ist auch Herausgeber und Mitherausgeber von Sammelbänden, z. B. „Moderne Märchen". Seine Bücher wurden mehrfach ausgezeichnet. Sie sind in fünf Sprachen übersetzt. Zentral für ihn sind realistische Geschichten, aber nicht um der Sensation willen, vielmehr um tatsächlich seine Leserinnen und Leser zu „treffen", indem er sie betroffen macht. Das wird ganz deutlich in „Davids Versprechen", seinem Buch über Kindesmisshandlung. Wichtig für ihn ist es, immer genau und detailliert zu recherchieren. Seine Figuren und Themen werden so glaubhaft und lebenswahr.
Peter Conrady

Bücher von Jürgen Banscherus (Auswahl)
Die besten Freunde der Welt
Asphaltroulette
Das blaue Karussell
Die afrikanische Maske
Duell der Detektive
Kommt ein Skateboard geflogen
Karambolage
Frohes Fest, du Weihnachtsmann
Davids Versprechen
Hunde, Hüte und Halunken
Die Kaugummiverschwörung

Zum Lesen treffen sich alle Kinder im Stuhl- oder Sitzkreis. Als Einstieg wird der Titel des Leseheftes „O Tannenbaum" auf einer Wortkarte präsentiert. Die Schülerinnen und Schüler vermuten, erzählen und berichten ihre eigenen Tannenbaum- und Weihnachtserfahrungen. Anschließend bekommen sie das Leseheft fertig geheftet ausgeteilt. Nach einer kurzen Phase, in der die Kinder die einzelnen Seiten betrachten, Bilder angucken, auf die Geschichte neugierig werden, beginnt das gemeinsame Lesen. Die Kinder können im Kreis der Reihe nach lesen, sich gegenseitig zum Weiterlesen aufrufen, oder der Lesewürfel kann zum Einsatz kommen.

Dies ist ein Würfel, der viermal mit „du" und je einmal mit „ich" und „wir" beschriftet wurde. Würfelt ein Kind „ich" liest es weiter. Bei „du" gibt es den Würfel ab und bei „wir" lesen alle gemeinsam. Nachdem der Text erlesen und kurz besprochen wurde (dabei liegt die Betonung auf kurz, denn die Kinder sollen vor allem selbstständig in der Lese- und Schreibwerkstatt arbeiten), gehen die Schülerinnen und Schüler an die Arbeit an den einzelnen Stationen. Dazu sollte den Kindern im Rahmen eines offenen Unterrichts täglich Zeit zur Verfügung stehen.

Dabei sollte es keine Zeitbegrenzung geben, in der die Schülerinnen und Schüler die Lesewerkstatt durchlaufen haben sollten. Wenn der einzelne Schüler fertig ist, präsentiert er den Mitschülern und dem Lehrer in einem Gesprächskreis seine Arbeiten.

Als weitere Möglichkeit könnte das Leseheft und die Werkstatt den Kindern bzw. einzelnen Kindern schon im ersten Schuljahr vorgestellt werden. Sie können sich das Heft selbstständig erlesen und an der Werkstatt arbeiten. Auch im zweiten Schuljahr ist diese freie Arbeit möglich. Der Lehrer hat dann Zeit, den Text mit einzelnen, langsamer lesenden Kindern zu erarbeiten.

Lese- und Schreibwerkstatt

Wenn es die Klassensituation zulässt, wäre es wünschenswert, in einer Ecke des Klassenraumes eine feste Leseecke zu installieren. Dort könnten auch Materialien und Arbeitsaufträge der Werkstatt ständig für die Kinder frei zugänglich aufbewahrt werden. Dabei werden die einzelnen Aufgabenbereiche farblich unterschieden: Lesen/Schreiben (rot), Basteln/Malen (blau), Erzählen/Spielen (grün), Rechtschreiben (gelb).

Aufgabenbereich Lesen und Schreiben

- Erklärung unbekannter Begriffe (z. B. Safran, Liebstöckel, in der Patsche sitzen, Polizeiwache, Theke, Geständnis, Krapfen): In der Leseecke steht ein Lexikon bereit, in dem die Kinder ihnen unbekannte Wörter nachschlagen können. Zur besseren Orientierung können die entsprechenden Seiten im Lexikon mit Zetteln markiert werden. Als Alternative bieten sich auch Karten an, auf denen die Erklärungen stehen. Die Schüler lesen und schreiben sie ab. Möglich ist weiterhin ein Zuordnungsspiel. Die Erklärungskarten müssen den Wörtern zugeordnet werden.
- Geständnis bei der Polizei: Die Schülerinnen und Schüler sollen das Geständnis des Vaters bei der Polizei aufschreiben (siehe S. 52).
- Telefongespräch: Der Vater telefoniert von der Polizeiwache aus mit der Mutter, die Schüler schreiben das Gespräch auf. Dabei können die Sätze des Vaters aus der Geschichte schon vorgegeben sein (siehe S. 53).
- Ein Ende schreiben: Die Schülerinnen und Schüler schreiben die Geschichte weiter, wie der Förster den Baum wieder einpflanzt, evtl. helfen Vater und Nils, ... (siehe S. 52).

Aufgabenbereich Erzählen und Spielen

- Erzählkarten: Eine Szene soll mithilfe von Wortkarten nacherzählt werden. Auf jeder Karte steht ein Stichwort, anhand dessen die Szene einem Mitschüler oder dem Lehrer erzählt wird. Als Differenzierung ist es möglich, im Anschluss eigene Wortkarten zu einer anderen Szene zu entwickeln.
  - Szenisches Nachspielen: In Zweier- oder Dreiergruppen spielen die Schüler eine kurze Szene nach. Dazu können Dialoge aufgeschrieben oder auch spontan erfunden werden.

Aufgabenbereich Basteln und Malen

- Bucheinband basteln: Um das Leseheft auch optisch als Buch „aufzuwerten", basteln die Schülerinnen und Schüler aus festem Papier, z. B. Fotokarton, einen Einband. Der kann von außen nach eigenen Vorstellungen gestaltet und beschriftet werden. Alternativ kann das Deckblatt des Leseheftes kopiert und auf den Einband geklebt werden.
- Tannenbaum schmücken: Schön, wenn in der Klasse genug Platz ist, einen kleinen (echten) Tannenbaum aufzustellen. Die Schülerinnen und Schüler können diesen gemeinsam mit selbst gebasteltem Schmuck behängen. Wenn dies nicht möglich ist, lassen sich Tannenbäume aus Fotokarton basteln oder auch malen.
- Eigene Weihnachtsbräuche: Die Schülerinnen und Schüler malen ihre eigenen Weihnachtserlebnisse auf. Zu dem Bild können auch einige erklärende Sätze geschrieben werden.

Aufgabenbereich Rechtschreiben

- Bilder einsetzen: Von einer Seite des Leseheftes sollen die Schüler auf einem Arbeitsblatt (siehe S. 54) alle Namenwörter heraussuchen. Sie werden mit Begleiter aufgeschrieben, und ein passendes Bild wird daneben gemalt. Anschließend soll der Text abgeschrieben werden, indem statt der Nomen die Bilder eingesetzt werden.

Susanne Bresser ist Grundschullehrerin.

In Klasse 4 kann im Englischunterricht die bekannte Geschichte wieder aufgegriffen werden. Die englische Fassung zum Vorlesen und ggf. Selbstlesen finden Sie auf S. 63-70.

Das Geständnis bei der Polizei

Schreibe in dein Heft,
was der Vater bei der Polizei sagt.
Notiere zuerst Stichwörter und
schreibe das Geständnis dann
auf dem Computer oder
auf der Schreibmaschine.

Denke an:

- Vater und Nils wollten Baum kaufen
- alle Bäume waren ausverkauft
- letzte Möglichkeit: Baum aus dem Wald
- wollten Baum zurückbringen

Ein Ende erfinden

Wie könnte die Geschichte weitergehen?

Schreibe auf,
wie der Förster den Baum
wieder einpflanzt.
Vielleicht helfen der Vater
und Nils dabei?
Schreibe in dein Heft.

Ein Telefongespräch

Schreibe das Gespräch zwischen Mama und Papa auf.

: Hallo, ich bin's. ___

: ___

: Ja, aber!

: ___

: Das geht doch nicht.

: ___

: Du bist verrückt!

Bilder einsetzen

✏️ Unterstreiche im Text alle Namenwörter außer „Nils", „Papa" und „Hause".
Schreibe die Nomen mit Begleiter auf.
Male daneben ein kleines, passendes Bild.

Nils und Papa sprangen ins Auto
und brausten los.
Doch alle Tannenbaumverkäufer
in der Stadt waren verschwunden.

Als Papa und Nils
nach Hause zurückkehrten,
brachten sie nur
ein paar Tannenzweige mit.
Die hatten sie
an einem Verkaufsstand gefunden.

_____

_____

_____

_____

✏️ Schreibe den Text in dein Heft.
Setze für die Nomen deine Bilder ein.

Jürgen Banscherus
O Tannenbaum

Es wurde eine wunderschöne Feier.
Nils bekam ein Skateboard,
einen Bahnhof für seine Eisenbahn
und vier Bücher.

Die Polizisten ließen sich
den Gänsebraten schmecken
und sangen „Stille Nacht, heilige Nacht".

Der Förster war so begeistert
von Mamas Zitronenkuchen,
dass er die Anzeige
gegen Papa zurückzog.
Die Fichte allerdings
pflanzte er gleich am nächsten Tag
wieder ein.

Es war ein ganz normaler Heiligabend.
Schon am Morgen sauste Mama
wie ein Brummkreisel
durch die Wohnung.
Mittags gab es
für Papa und Nils
aufgewärmte Bohnensuppe.

Am Nachmittag verwandelte sich die Küche
in eine dampfende Höhle
aus Soßen, Gänsebraten,
Safran, Liebstöckel
und vielen anderen Gewürzen.

„Aber das geht nun wirklich nicht",
krächzte der Polizist,
der Papa vernommen hatte.
„Warum denn nicht?",
erwiderte Mama.
„Wollen Sie etwa, dass mein Sohn
Weihnachten ohne Weihnachtsbaum
feiern muss?"
Die beiden Polizisten
schüttelten den Kopf.
„Na also", sagte Mama.

Wenig später hielt ein Taxi
vor der Polizeiwache.
Mama stieg aus.
Zusammen mit dem Taxifahrer
schleppte sie Päckchen,
Schüsseln, Teller,
Gläser und Besteck herein.
Die Päckchen legte sie
unter den Weihnachtsbaum,
das Übrige baute sie auf der Theke auf.

Bald duftete es in der Wache
nach Gänsebraten und Rotwein,
Krapfen und Zitronenkuchen.

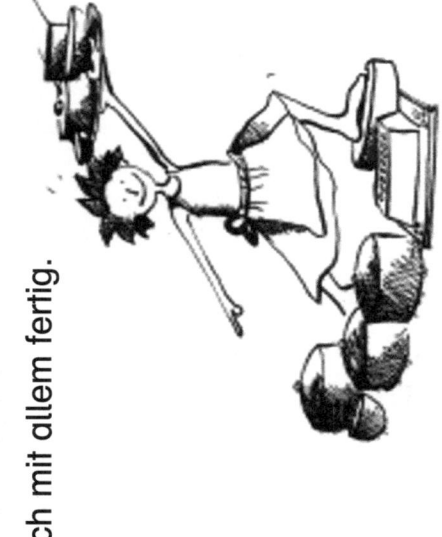

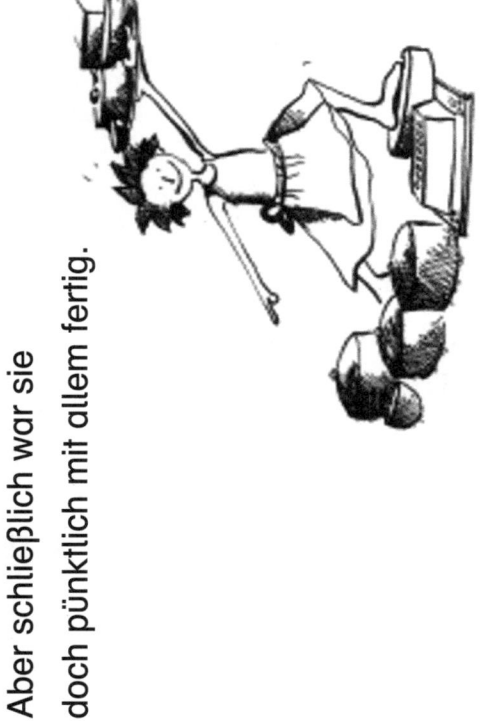

Irgendwann verlor Mama
den Überblick und schimpfte
auf Weihnachten
und Papa und Nils
und die ungenauen Rezepte
und das Leben überhaupt.

Aber schließlich war sie
doch pünktlich mit allem fertig.

„Wo ist der Baum?",
hörte Nils auf einmal
seine Mutter rufen.
„Ich dachte, du hättest
einen besorgt", sagte Papa.
„Wieso ich?
Du bist für den Baum zuständig!",
schimpfte Mama.
„Nein, du!", rief Papa.
„Nein, du!", rief Mama.

„Darf ich meine Frau anrufen?",
fragte Papa.
„Sie sorgt sich bestimmt um uns."

Das Telefongespräch
zwischen Mama und Papa
verlief ziemlich merkwürdig.
Ständig sagte Papa: „Ja, aber"
und „Das geht doch nicht".
Schließlich rief er:
„Du bist verrückt!"
und legte auf.

„Sie kommt her",
sagte Papa zu Nils.
„Wieso denn das?",
fragte Nils.
„Lass dich überraschen",
antwortete Papa geheimnisvoll.

5

So ging es eine Weile hin und her.
Endlich sagte Papa:
„Dann gibt es eben eine Bescherung
ohne Weihnachtsbaum."
„Kommt nicht in Frage",
sagte Mutter.
„Jrgendwo kriegst du
bestimmt noch
einen Weihnachtsbaum!"

12

„Die beiden wollten den Baum stehlen",
erklärte der Förster.
Einer der Polizisten sagte zu Papa:
„Das muss ich genauer wissen."
Während Papa erzählte,
machte sich der Beamte Notizen.
Danach tippte er
Papas Geständnis
auf der Schreibmaschine.

Jn der Polizeiwache
hockten zwei Polizisten
hinter einer hohen Theke.
Ein kleiner Weihnachtsbaum
stand in einer Ecke des Raums.
Die Beamten staunten nicht schlecht,
als Papa und Nils
die Fichte hereinschleppten.

Nils und Papa sprangen ins Auto
und brausten los.
Doch alle Tannenbaumverkäufer
in der Stadt waren verschwunden.

Als Papa und Nils
nach Hause zurückkehrten,
brachten sie nur
ein paar Tannenzweige mit.
Die hatten sie
an einem Verkaufsstand gefunden.

Nils hätten die Zweige
für die Bescherung ausgereicht.
Mama jedoch sagte zu Papa:
„Ohne Weihnachtsbaum
gibt es keine Geschenke.
Sieh zu, wo du einen findest."
„Soll ich etwa einen Baum
aus dem Wald holen?",
fragte Papa.
„Wenns sein muss",
gab Mama zurück.

7

„Soso, nur ausleihen
wollten Sie ihn", sagte der Mann.
„Na, das erzählen Sie
am besten der Polizei.
Kommen Sie!
Und nehmen Sie die Fichte mit!"

Zur Polizeiwache war es nicht weit.
„Müssen wir jetzt ins Gefängnis?",
flüsterte Nils seinem Vater zu.
Papa strich Nils über den Kopf.
„Bestimmt nicht.
Aber wir sitzen mächtig
in der Patsche."

10

Seufzend nahm Papa
Nils an der Hand,
holte den Spaten aus dem Keller
und fuhr zum Stadtwald.
Auf einem leeren Parkplatz
ließen sie den Wagen stehen.

Es dauerte nicht lange,
bis sie an einer Schonung waren.
Dort standen Fichten
in Weihnachtsbaumgröße.
Papa flüsterte Nils ins Ohr:
„Keine Sorge, nach Weihnachten
bringen wir den Baum zurück."
Er kletterte über den Zaun
und grub hastig
eine schlanke Fichte aus.

In diesem Augenblick
leuchtete eine Taschenlampe
und eine Stimme fragte:
„Was tun Sie da?"
„Tja, äh, wissen Sie …"
stotterte Papa.
„Wir dachten …
Also, wir wollten
den Baum nur ausleihen."
Das Licht erlosch.
Vor ihnen stand ein Mann
in grüner Uniform.
Das musste der Förster sein!

Jürgen Banscherus

Oh Christmas Tree

Übersetzung: Barbara Shatliff

It was a wonderful party.
Nils got a skateboard
a station for his train set
and four books.

The policemen enjoyed
the roast goose
and sang "Silent Night, Holy Night".

The forest warden was so impressed
with Mum's lemon meringue
that he withdrew
the complaint against Dad.
However, the fir tree
he replanted the next day.

It was just a normal Christmas Eve.
Mum being her usual busy self
already in the morning.
For lunch
Dad and Nils
had vegetable soup
from the day before.

In the afternoon the kitchen
turned into a cave with clouds of steam
smelling of sauces,
roast goose, saffron,
lovage, and many other herbs.

"Now, this really isn't possible",
said the policeman in a croaky voice.
"Why ever not?", Mum replied.
"Do you really want,
that my son has his Christmas
without a Christmas tree?"
Both of the policemen
shook their heads.
"There you are, then", said Mum.

Shortly after that a taxi stopped
in front of the police station.
Mum got out.
With the help of the taxi driver
she carried in parcels,
bowls, plates,
glasses and cutlery.
The parcels she put
under the Christmas tree,
the rest she placed onto the counter.

Soon it was smelling of
roast goose and red wine,
carp and lemon meringue.

At some stage Mum lost it,
and started to moan
about Christmas,
and about Dad and Nils,
and the recipes being inaccurate,
and about life in general.

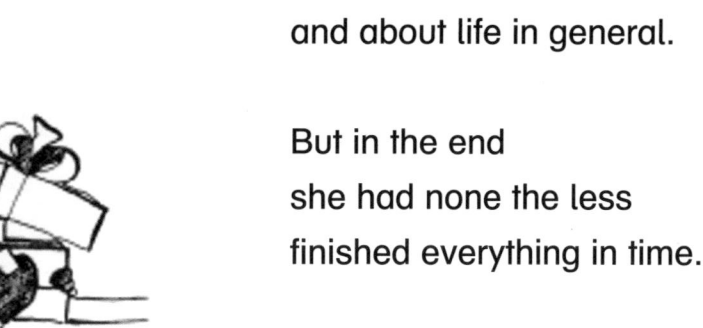

But in the end
she had none the less
finished everything in time.

"May J phone my wife?",
asked Dad.
"She will be worried about us".

The telephone conversation
between Mum and Dad
was quite strange.
Constantly Dad said, "Yes, but"
and "That surely won't be possible".
Finally he shouted,
"You are mad!",
and put the phone down.

"She's coming",
Dad said to Nils.
"Why is that?",
asked Nils.
"Wait and see",
answered Dad mysteriously.

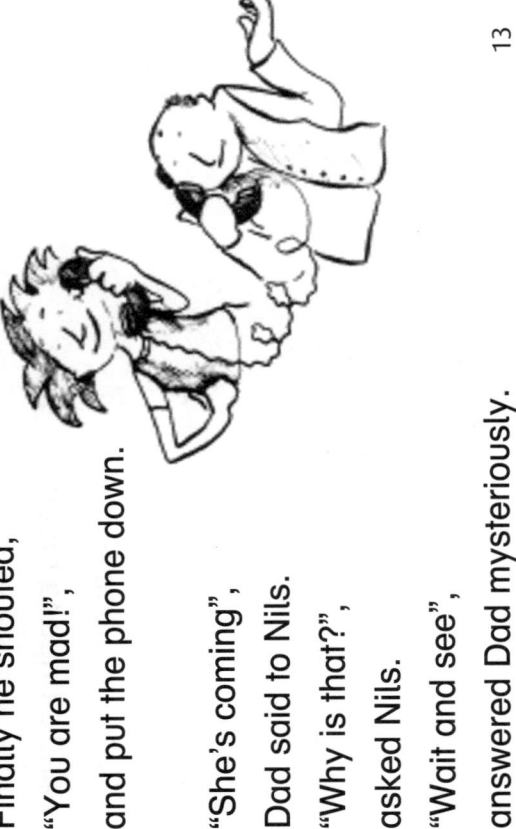

"Where is the tree?",
Nils heard his Mum shouting suddenly.
"J thought, you had
got one", said Dad.
"Why me?
You are responsible for the tree!",
Mum told Dad off.
"No, you are!", Dad shouted.
"No, you are!" Mum shouted.

5

This carried on for a while.
Finally, Dad said,
"Then we'll just not be opening our presents under a Christmas tree ."

"Totally, out of the question",
said Mum.
"Surely, somewhere you
will be still able to get hold of
a Christmas tree."

12

"These two wanted to steal the tree",
the forest warden explained.
One of the policemen said to Dad,
"I need to know this in more detail."
While Dad was talking,
the officer took notes.
After that he typed
Dad's confession
using a type writer.

At the police station
two policemen sat
behind a high counter.
A small Christmas tree
stood in the corner of the room.
The officers were quite baffled
seeing Dad and Nils coming in
with a fir tree.

Nils and Dad jumped into the car
and stormed off.
But in town
all the Christmas tree stalls had gone.

When Dad and Nils
arrived back home
all they had in their hands
were some branches.
They had found them
at a market stall.

Nils would have been happy
with the branches
when the presents are given out.
But Mum said to Dad,
"There will be no Christmas presents
without a Christmas tree.
Just get on with it."
"Do you really expect me to fetch
a tree from the woods?",
asked Dad.
"If that is the only way, do it",
Mum replied.

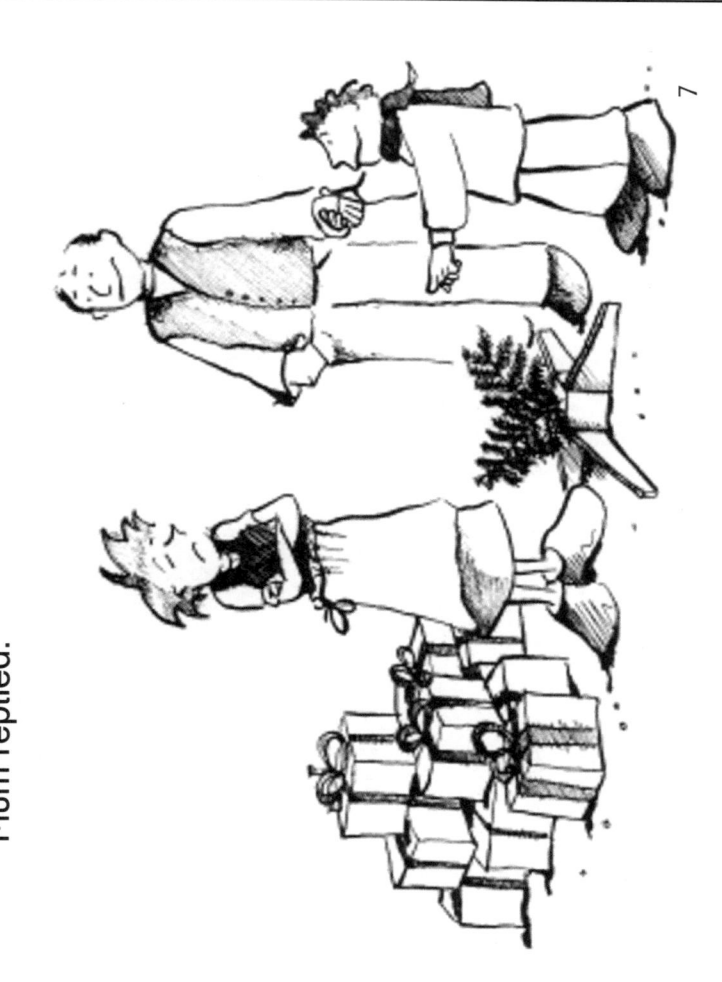

"Oh, I see, you only wanted to
borrow one", said the man.
"Well then, you can say that
to the police, can't you?
Come with me!
And take the fir tree with you!"

It was not far to the police station.
"Do we have to go to prison now?",
whispered Nils to Dad.
Dad gave Nils a pad on his head
"Definitely not.
But we are
in deep trouble."

With a deep sigh Dad took
Nils by the hand, went
and fetched the spade from the cellar
and drove to the local wood.
They left the car
in an empty car park.

It didn't take long
until they reached the plantation.
There were fir trees
just the right size
for Christmas tree.

Dad whispered in Nils ear,
"Don't worry, after Christmas
we'll take the tree back."
He climbed over the fence
and digged up
a slim fir tree in haste.

Just at that moment
a torch flashed
and a voice was asking,
"What are you doing there?"
"Uhmm … oh well …
you know …",
stuttered Dad,
"We thought … .
Well, we only wanted
to borrow a tree."
The light went out.
Standing in front of them
there was a man
in a green uniform.
That had to be
the forest warden.

WEIHNACHTEN IN ANDEREN LÄNDERN

Weihnachten hier und anderswo

Marina Elbert

Warum immer nur vorweihnachtliches Basteln, Backen oder Singen? Weihnachtsbräuche anderer Länder können in Expertenteams erarbeitet werden und europäische Weihnachtsspeisen eignen sich als Inhalt von Übungen im Deutschunterricht.

Auch Kinder im Grundschulalter interessieren sich für das aktuelle Thema Europa. Durch Reisen in verschiedene europäische Länder bringen sie mitunter bereits Vorwissen über das dortige Brauchtum mit. Diese Gedanken veranlassten mich, im Sachunterricht inhaltliche Grundlagen zu schaffen, die die Basis für Übungen zur Sprachbetrachtung bilden sollten.

Wir lernen Europa kennen

Im Sachunterricht erhielten die Kinder zunächst eine Europakarte, die sie in Form eines Würfelspieles durchliefen. Dabei mussten sie die erwürfelten Länder benennen und konnten bei der richtigen Antwort drei Felder vorgehen; bei einer falschen Antwort mussten sie ihren Spielstein drei Felder zurücksetzen. Später wurde dieses Spiel erweitert, indem die Autokennzeichen der Länder, die Hauptstädte u. a. einbezogen wurden.[1]

Die Weihnachtsbräuche erarbeiteten die Schülerinnen und Schüler selbstständig im Expertensystem. Jeder Gruppentisch wurde mit einer anderen Farbe gekennzeichnet. Der Tisch, an dem die Kinder gewöhnlich saßen, war für sie jeweils die so genannte Stammgruppe. Hier tauschten die Schülerinnen und Schüler zunächst ihr bisheriges Wissen zum Thema aus.

Dann erhielt jede Gruppe so viele Farbkärtchen, wie Länder vorgestellt werden sollten, und jedes Mitglied wählte eine Farbe aus. Wenn zahlenmäßig eine Farbkarte und somit ein Land übrig blieb, konnte dieses Land in der entsprechenden Gruppe nicht vorgestellt werden, was aber später in der Gesamtzusammenfassung ausgeglichen wurde. Das Kind, das die Farbkarte seines Stammtisches erhielt, blieb sitzen, die anderen gingen jeweils zu dem Tisch, der mit ihrer Farbe gekennzeichnet war. Die Expertengruppen waren gebildet.

Wichtig war es, den Schülern bewusst zu machen, dass sie als Experten eine verantwortungsvolle Aufgabe haben: Sie mussten sich anhand von Sachbüchern und Informationstexten[2] gründlich über ihr Land informieren, um später den anderen Mitgliedern der Stammgruppe möglichst ausführlich darüber berichten zu können. Ich stellte dabei fest, dass die meisten Schüler stolz darauf waren, Experten zu sein und ihre Aufgabe sehr ernst nahmen. In den Expertengruppen lasen die Schüler ihre Informationstexte zunächst einzeln durch und bearbeiteten anschließend gemeinsam ein Frageblatt. Das unterstützte auch schwächere Schüler dabei, ihrer Aufgabe als Experte gerecht zu werden. Leistungsstärkere Schüler waren sehr darauf bedacht, säumige Expertenmitglieder auf ihre Aufgabe hinzuweisen, z. B.: „Komm, schreibe das auf, du musst das nachher den anderen erzählen können".

Nach der Arbeit in den Expertengruppen, lösten sich diese auf und die „Experten" gingen in ihre Stammgruppen zurück. Dort fanden die Expertenberichte statt, d. h. jeder Schüler stellte den Mitgliedern seiner Stammgruppe vor, was er über die Bräuche „seines Landes" herausgefunden hatte.

Im Anschluss daran wurden in einer Gesamtzusammenfassung an der Tafel den ausgewählten Ländern Stichpunkte über die Weihnachtsbräuche zugeordnet. Dabei wurden die Schüler auch über Länder informiert, die nicht Gegenstand des Informationsaustausches in ihrer Gruppe waren.

In einer abschließenden Besinnungsphase stellte die Klasse folgende gemeinsame Überlegungen an:
- Warum haben die jeweiligen Länder verschiedene Bräuche und verschiedene weihnachtliche Speisen?
- Manche Länder haben gleiche Bräuche und weihnachtliche Speisen, woran könnte das liegen?
- Warum gibt es in Italien, Spanien oder Griechenland selten Weihnachtsbäume?
- Warum werden in Italien und Spanien die Geschenke erst am 6. Januar verteilt?

Zusätzlich wäre eine Wiederholung der Weihnachtsbräuche durch Frage- und Antwortkarten möglich gewesen.

Weihnachtliche Speisen

Fachübergreifend wurden im Deutschunterricht die erworbenen Kenntnisse über europäische Weihnachtsspeisen als Grundlage für folgende Übungen aufgegriffen: Die Schüler sollten Satzglieder erkennen, die aus einem oder mehreren Wörtern bestehen. Satzglieder mussten umgestellt und sinnvolle Sätze mit unterschiedlichen Satzanfängen gebildet werden. Denn vor allem im schriflichen Sprachgebrauch besteht immer wieder die Notwendigkeit, auf verschiedene Satzanfänge hinzuweisen, um Texte abwechslungsreicher zu gestalten.

Das Material für die Hand der Kinder wurde wie folgt vorbereitet: Die Wortkarten (s. Seite 72) wurden kopiert, und auf der Rückseite wurde die Zusammengehörigkeit der Wortglieder farblich unterschiedlich markiert. Die so bearbeitete Seite wurde laminiert, und die Wortkarten wurden ausgeschnitten. Auf die Rückseiten wurden Magnetstreifen so aufgeklebt, dass die farbliche Markierung sichtbar blieb.

Auf Metalltabletts, die im Handel günstig zu erwerben sind, konnten die Wörter von den Schülern zu Satzgliedern zusammengefügt und dann auch beliebig umgestellt werden. Die farbliche Markierung auf der Rückseite diente der Selbstkontrolle über die richtige Zusammenstellung der Satzglieder.

Durch die beweglichen Umstellungsmöglichkeiten übten die Schülerinnen und Schüler variable Satzanfänge zu bilden. Eine Alternative zu den Metalltabletts sind selbst gemachte Magnettafeln.[3]

---

[1] Zahlreiche weitere Anregungen bietet: *Schmidt, Rosemarie:* Kinder reisen. In: Praxis Grundschule, Heft 1/1990, S. 4 ff.
[2] Zum Beispiel aus: *Moers, Edelgard:* Weihnachten in aller Welt. In: Praxis Grundschule Heft 6/1991, S. 44 ff. oder *Thümmel, Ingeborg* und *Margit Theis-Scholz:* So leben wir in Europa. Donauwörth 1996
[3] *Gruber, Gertud* und *Marianne Schosser:* Magnettafeln – selbst gemacht. In: Praxis Grundschule, Heft 1/1999, S. 26 ff.

Weihnachtliche Speisen in europäischen Ländern

1. Lege jeden Satz so, dass du erkennen kannst, welche Wörter zu einem Satzglied gehören. (Kontrolle: Farben - Rückseite)

2. Stelle die Satzglieder in mindestens einem Satz so oft wie möglich um.

3. Lege alle Sätze so, dass sich abwechslungsreiche Satzanfänge ergeben.

| in | Holland | gibt | es | meist | Buchstabenkuchen |

| Lebkuchen | isst | man | oft | in | Norwegen |

| die | Schweden | verzehren | gerne | Ingwerkekse |

| in | Frankreich | essen | die | Leute | bouche Noel |

| Panettone | kommt | in | Italien | auf | den | Tisch |

| Plätzchen | (Christstollen) | backen | die | Menschen | in | Deutschland |

| heißer | Plumpudding | und | Truthahn | sind | typische | Weihnachtsgerichte | in | England |

| in | Polen | isst | man | zu | Weihnachten | Fisch |

WEIHNACHTEN IN ANDEREN LÄNDERN

Zur Weihnacht man in aller Welt ...

Petra Maria Weber

Rund um fremde Weihnachtsbräuche drehen sich die Geschichten, Lieder und Sachtexte, die die Kinder einer dritten Klasse kennen lernten. Den Höhepunkt dieser vorweihnachtlichen Beschäftigung bildete eine Aufführung auf dem Weihnachtsmarkt.

Das Gesicht unserer Gesellschaft und damit auch unserer Schulen ist in den letzten Jahrzehnten zunehmend farbiger geworden. Immer mehr Schülerinnen und Schüler anderer Nationen und Religionen bilden mit deutschen Kindern eine Klassengemeinschaft. Wie selbstverständlich wird vorausgesetzt, dass den Kindern das Zusammenleben in Klassenraum friedlich gelingt. Die Förderung des gegenseitigen Kennenlernens und Verständnisses ist ein pädagogischer Auftrag, der immer wieder angegangen werden sollte. Unterrichtseinheiten, die sich mit der Kultur und dem Leben anderer Völker beschäftigen, können ihren Beitrag dazu leisten.

Um in der Adventszeit daran anzuknüpfen und nicht wieder die biblische Weihnachtsgeschichte zu behandeln, wollte ich in meinem dritten Schuljahr einmal andere Schwerpunkte setzen und das Augenmerk auf fremdländisches Weihnachtsbrauchtum richten.

Eine Möglichkeit, an die Thematik heranzugehen, besteht im fächerübergreifenden Unterricht. Neben Deutsch und Musik kann beispielsweise der Fremdsprachenunterricht an die Thematik angepasst werden. Natürlich ist die Palette der möglichen Unterrichtsmedien und Aktionen unerschöpflich. Daher gilt es, im Vorfeld eine Auswahl zu treffen, die die Schülerinnen und Schüler nicht überfrachtet oder überfordert. Leicht kann dann das gewünschte Ziel aus den Augen verloren werden. In diesem Fall ist weniger oft mehr, um die Ernsthaftigkeit der Thematik nicht ins Gegenteil zu verkehren. Als Lehrer muss man sensibel genug sein, herauszufinden, wie viel einer Klasse in ihrer bestimmten zwischenmenschlichen Struktur zuzumuten ist.

In vielen Klassen ist es üblich, den Schulmorgen in der Adventszeit mit entsprechenden Geschichten eines Adventskalenders zu beginnen. Die Auswahl dieser Vorlesekalender ist groß und man findet darunter auch solche, die zu unserer Thematik passen. Im Morgenkreis las jeden Tag ein Kind eine Geschichte vor, die anschließend von allen besprochen wurde. Manche Lese- oder Sprachbücher bieten eine Auswahl an Sachtexten, die sich mit Weihnachtsbräuchen anderer Länder beschäftigen. Über das Lesen hinaus erstellten wir kleine Steckbriefe, die folgende Fragen beantworteten:

- Welches Land wird beschrieben?
- Welches Fest wird gefeiert und wie heißt es?
- Wann wird das Fest gefeiert?
- Wie wird es gefeiert?

Im Musikunterricht sangen wir fremdländische Weihnachtslieder, wie z. B. „We wish you a merry christmas" oder „Zumba, Zumba ...". Das Erlernen englischer Begriffe rund um Weihnachten wurde anhand von Gegenständen und Bildkarten zugänglich gemacht. So sprachen wir von christmas, christmastree, christmascard, christmaseve, present, bell, star, candel, angel, apple and sweets. Memorys, Dominos u. Ä. dienten zur Vertiefung.

Nun standen ein Auftritt auf dem örtlichen Weihnachtsmarkt sowie eine klasseninterne Weihnachtsfeier bevor, und es galt etwas aufzuführen. Ich entschied mich dafür, ein Gedicht entsprechend unserer Thematik zu schreiben (s. Seite 74). Dieses wurde wie folgt vorgetragen: Jeder Strophe wurden zwei Kinder zugeordnet. Diese beiden standen hintereinander, mit dem Rücken zum Publikum, sodass sie in zwei Reihen aufgestellt waren. Eingeleitet wurde jeder Vers durch das vorne stehende Kind, das sich dem Publikum durch eine Drehung öffnete und dabei eine selbst gebastelte Landesflagge bzw. eine Weltkugel (1. Strophe) hoch hielt. Das in zweiter Reihe stehende Kind, das landestypisch oder in den Landesfarben gekleidet war, drehte sich nun auch in Richtung Publikum und trug seine Strophe vor. Die letzte sowie den Satz „Stollen, aber schnell" sagten alle Kinder gemeinsam.

Die Art und Weise wie dieses Gedicht vorgetragen und gestaltet wird, ist natürlich individuell veränderbar. Bevor man den Text an die Kinder verteilt, sollte der Name der Klasse (3a o. Ä.) im Vers „darüber möchte die Klasse ... nun reden" nachgetragen werden.

Den Schülerinnen und Schülern gelang es, sich mit Bräuchen anderer Länder auseinander zu setzen und gleichzeitig eine Akzeptanz gegenüber Andersartigem zu entwickeln – eine schulische Aufgabe, deren Erfüllung nicht allein dem Religionsunterricht vorbehalten sein sollte. Die Kinder erfuhren auf diese Weise, dass jeder Brauch seine Reize hat und es sich lohnt, diese kennen zu lernen.

Literatur

Beckstein, Marga u. a.: Advent und Weihnachten. Jahreszeitenbuch für einen integrativen Unterricht. München ³1993, S. 164 ff.
Borries, Waltraut u. a.: Überall ist Lesezeit 3. Lesebuch für die Grundschule, München 1997, S. 102 f.
Bremkamp, Heidi: Lernspiele Fremdsprachen I. Braunschweig 1993
Dix, Ruth u. a.: Weihnachten in aller Welt. Ein Adventskalender zum Vorlesen und Ausschneiden. Lahr ⁹1992
Moers, Edelgard: Weihnachten in aller Welt. In: Praxis Grundschule, Heft 6/1991, S. 44 ff.

Weihnachten in aller Welt

Zur Weihnacht man in aller Welt,
sich in der Familie zusammen gesellt.
Wie es sich zuträgt in Italien, England und auch Schweden,
darüber möchte die Klasse ...... nun reden.

In Italien ist es so,
wertvolle Figuren liegen im Krippenstroh.
Geschenke die gute Fee Befana bringt,
und jedes Kind laut „Buon Natale" singt.

In Griechenland ziehen die Kinder aus,
gehen singend von Haus zu Haus.
Geschenke erhält man am 31. 12.,
einen Baum hingegen gibt es selten.

In den USA bringt Geschenke der Santa Claus,
an diesem Fest ist schwer was los.
Die Menschen ziehen durch die Stadt,
es fliegen Luftballons und Raketen satt.

„Merry christmas" sagen die Engländer,
dekorieren grüne Zweige und bunte Bänder.
Lustige Papierhüte tragen sie,
„Turkey" und Plumpudding vergisst man nie.

In Jugoslawien feiert man wieder froh,
legt in den Hausflur Stroh.
Erinnern soll es an den Fall,
der sich ereignete in Bethlehems Stall.

In Schweden feiert man den Lucia-Tag,
den jeder im Land besonders mag.
Lucia mit weißem Gewand und Kerzen,
bringt Licht und Freude in die Herzen.

Wie in Frankreich gefeiert werden muss,
erzähle ich zum guten Schluss.
Im Kamin ein Feuer brennt,
man Lieder singt, die jeder kennt.
Und wenn man sich wünscht „Joyeux Noel",
die Kinder rufen: „Stollen, aber schnell!".

Wir Kinder wollten Sie auf diese Weise,
mitnehmen auf eine Weihnachtsreise.
Wir hoffen, es hat Ihnen gefallen,
und wünschen Ihnen allen,
machen Sie sich für unser Fest bereit,
in der allzu schönen Weihnachtszeit.

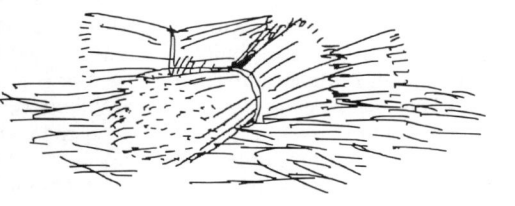

WEIHNACHTEN IN ANDEREN LÄNDERN

Unterschiede wahrnehmen – Gemeinsamkeiten erkennen

Gabriele Spohn

Wir leben in einer multikulturellen Gesellschaft. Dieser Tatsache sollte durch einen angemessenen interkulturellen Unterricht und multikulturelle Erziehung Rechnung getragen werden – zum Beispiel durch die Beschäftigung mit unterschiedlichen Weihnachtsbräuchen.

Durch das Zusammenleben mit Angehörigen anderer Kulturen bieten sich für Schüler vielfältige Lernmöglichkeiten. Sie machen Erfahrungen, wie andere leben, arbeiten und miteinander umgehen, über Kindheit und Jugend in anderen Ländern. Hier gilt es nun, keine Vorurteile zu festigen, sondern einen Raum zu schaffen, in dem Kinder andere Lebensweisen und Traditionen (sachliche Ebene) und auch andere Werte und Normen (emotionale Ebene) offen und unbeeinflusst wahrnehmen und schätzen lernen können.

Dabei sollen Akzeptanz und Toleranz für die Andersartigkeit der Mitschülerinnen und Mitschüler ebenso entwickelt werden wie die Fähigkeit, die eigene Kultur zu reflektieren und wertzuschätzen. Die Entwicklung von grundlegenden Eigenschaften wie Solidarität, Emanzipation und Empathie ermöglichen es den Schülern, miteinander offen und interessiert umzugehen und die eigenen Ängste und Unsicherheiten zu erkennen und abzubauen. Damit ist der Grundstein für gewaltfreies Zusammenleben gelegt, das die wechselseitige Bereicherung der unterschiedlichen Kulturen und die Dialogfähigkeit zwischen Menschen verschiedener Nationalitäten ermöglicht.

Die Schule bedeutet hier einen gemeinwesenorientierten Ort, in dem über das entdeckende Lernen den Schülerinnen und Schülern eine Lern- und Erfahrungswelt geboten wird, in der soziale Beziehungen gemeinsam gestaltet werden können. Eine Möglichkeit, solche Erfahrungen zu machen, bietet das Thema „Weihnachten in anderen Ländern", das sowohl als fächerübergreifendes Projekt unter Einbeziehung von Fächern wie Deutsch, Sachunterricht, Kunst, Geographie, Religion und Musik, aber auch als kurze Unterrichtseinheit gestaltet werden kann.

Anhand von verschiedenen Weihnachtswünschen, Bräuchen und den mannigfaltigen Arten, das Weihnachtsfest zu begehen, sollen die Schülerinnen und Schüler das Weihnachtsfest in seiner Bedeutung innerhalb des jeweiligen Kulturkreises und damit die andere Kultur selbst schätzen lernen. Dies stellt eine positive Beziehung zwischen den Kindern her, hilft, Ängste, Unsicherheiten und Vorurteile abzubauen, und regt zum Dialog an.

Hier soll eine mögliche Vorgehensweise zur Behandlung des Themas bzw. zur Einführung in dieses Thema in einer Unterrichtseinheit dargestellt werden. Benötigt werden:
- Tannenzweige, Weihnachtsdekoration und Teelichter
- Karten mit Weihnachtswünschen in den verschiedensten Sprachen
- Sachtexte und Sachbücher zum Thema „Weihnachten in anderen Ländern"
- verschiedene Stifte
- Klebstoff
- großes aus grünem Papier ausgeschnittenes Plakat in Form eines Weihnachtsbaumes
- Weihnachtsmusik
- Weihnachtsgeschichten (z. B. Auszug der Ausländer, traditionelle Weihnachtsgeschichten aus anderen Ländern)

Einstimmung

Die Schüler setzen sich in einen bereits vorbereiteten Sitzkreis. In der Mitte des Kreises liegen Tannenzweige und eventuell Weihnachtsdekoration, Teelichter brennen. Die minimale Dekoration, vor allem die brennenden Kerzen schaffen eine weihnachtliche Stimmung und dienen als stummer Impuls. Dadurch werden die Schüler für das Thema sensibilisiert.

Nun zeigt die Lehrerin oder der Lehrer den Schülern eine Karte, auf der „Frohe Weihnachten" in einer Fremdsprache, z. B. kroatisch, aufgedruckt ist, und liest sie vor. Die Schüler sollen erkennen, dass es sich hierbei um einen Weihnachtswunsch handelt. Anschließend werden gemeinsam oder vom Lehrer weitere Weihnachtswünsche in unterschiedlichen Sprachen (s. Seite 77) vorgelesen. Viele Schülerinnen und Schüler werden dabei ihre eigene Sprache wiederfinden und entsprechend reagieren. Es findet ein Gespräch über die einzelnen Sprachen, Wortlaute und Schriftzeichen statt. Dabei werden vor allem die Schüler der entsprechenden Länder einbezogen.

Die Schüler werden mit anderen Sprachen und Schriftzeichen bekannt gemacht. Sollte Englisch in der Grundschule unterrichtet werden, ist dies ein weiteres fächerverbindendes Element. Bei dem Gruppengespräch wird die Fähigkeit der Schüler gefördert, sich gegenseitig zuzuhören. Dies unterstützt das Sozialverhalten innerhalb des Klassenverbandes.

Die Lehrerin bzw. der Lehrer erzählt den Schülerinnen und Schülern von eigenen Erfahrungen mit dem Weihnachtsfest und erläutert einen Brauch. Es wird ein persönlicher Rahmen geschaffen. Durch die Erzählung der Lehrerin über einen etwas ungewöhnlichen Brauch werden bei den Kindern Hemmungen abgebaut, eigene Erfahrungen im anschließenden Gespräch wiederzugeben.

Die Kinder aus den verschiedensten Ländern erzählen von den Bräuchen in ihren Heimatländern. Auch können Urlaubserfahrungen in das Gespräch einbezogen werden. Ebenso können Erfahrungen aus den unterschiedlichsten Regionen mit eingebracht werden. Auf diese Weise kann sich jeder Schüler am Gruppengespräch beteiligen. Vorerfahrungen werden so in den Unterricht einbezogen, Kinder aus anderen Ländern sind kleine Experten. Dabei werden eventuell vorhandene Vorurteile abgebaut, Außenseiter werden in den Mittelpunkt gestellt und Hemmungen abgebaut. Es ist jedoch in diesem Gespräch wichtig, dass sensibel vorgegangen wird, sodass keine „Wunden" bei den Kindern aufgerissen werden. Auch ist es wichtig, kein Kind zum Erzählen und Berichten zu zwingen.

Auch in diesem Abschnitt der Unterrichtsstunde wird das Sozialverhalten gestärkt. Die Schülerinnen und Schüler üben sich im freien Sprechen, Erzählen und Berichten und lernen, den Mitschülern zuzuhören. Während des freien Gespräches können und werden die Schüler auch Fra-

WEIHNACHTEN IN ANDEREN LÄNDERN

gen an ihre Mitschüler stellen und lernen dabei, deren Wissen zu schätzen.

Partnerarbeit

Die Lehrerin nimmt einen der genannten Bräuche auf. Sie zeigt den Schülern einen ansprechend weihnachtlich gestalteten Text, in dem der eben erklärte Weihnachtsbrauch erläutert wird. Die Aufmerksamkeit der Schülerinnen und Schüler richtet sich nun auf die Lehrerin. Danach erklärt sie, wie weiter vorgegangen werden soll.

Die Lehrkraft erklärt, dass sie viele verschiedene solcher Kurztexte über die unterschiedlichsten Länder austeilen wird (s. Seite 78-82), und verweist auf die ausliegenden Sachbücher. Die Kinder sollen Informationen sammeln zu den Aspekten:
- Bescherung und Geschenke
- Kirche
- Weihnachtsschmuck und Bräuche
- Lieder und Geschichten.

Dabei können sie sowohl einzeln oder in Partnerarbeit vorgehen. Die Schülerinnen und Schüler müssen hierbei nicht den ganzen Text lesen, sie können sich auch von anderen helfen bzw. beraten lassen. Die gewonnenen Informationen werden auf kleinen Zetteln (ca. DIN A6) in freier Form festgehalten.

Wichtig ist es, die Schüler darauf hinzuweisen, dass manchmal zwei Texte oder Bücher zur Hilfe genommen werden müssen und auch nicht immer alle Aspekte beleuchtet werden können. Im Hintergrund kann besinnliche Weihnachtsmusik gespielt werden.

Das Angebot, unterschiedlich mit den Texten umzugehen, erlaubt eine innere Differenzierung. Eventuell kann der Lehrer schwächeren Schülern bestimmte Texte bzw. Länder zuweisen. Schüler, die nicht gut lesen können, können sich von anderen helfen lassen, sich gegenseitig befragen und bei der Bearbeitung unterstützen. Das Sozialverhalten wird gestärkt.

Die Schüler lernen das Bearbeiten von Sachtexten, das Herausfiltern von Informationen. Durch die Möglichkeit, Texte frei zu verfassen, wird außerdem die Kreativität der Schülerinnen und Schüler angeregt, die Persönlichkeit der einzelnen Schüler kann sich entfalten. Ebenso wird differenziert, indem diejenigen, die Probleme beim Schreiben haben, ihren Möglichkeiten entsprechend vorgehen. Damit wird niemand ausgegrenzt oder unter Druck gesetzt.

Präsentation und Ausklang

Der Lehrer, der während der Still- bzw. Partnerarbeit beratend zur Seite stand, geht nun von einem Schüler zum anderen bzw. von einer Gruppe zur anderen und bittet, langsam zum Ende zu kommen. Zur Unterstützung wird anschließend die Weihnachtsmusik leiser gestellt. Die Kinder werden aufgefordert, die beschriebenen Arbeitsblätter (siehe Abb.) an den bereits vorbereiteten Weihnachtsbaum zu hängen. Dort ist für jeden Schüler ein Platz reserviert, indem Flammen über den Weihnachtsbaum verteilt aufgeklebt sind. Wenn nun die einzelnen Blätter daruntergeklebt werden, sieht es aus, als ob der Weihnachtsbaum mit Kerzen geschmückt worden wäre. Wichtig ist, dass ein Gesamtbild entsteht. Dies fördert das Zusammengehörigkeitsgefühl der Schüler innerhalb des Klassenverbandes.

Die Schülerinnen und Schüler sollten ihre Arbeit in Ruhe beenden können. Der Lehrer bzw. die Lehrerin fordert die Schüler, die noch nicht ganz fertig sind, nochmals auf, endgültig zum Ende zu kommen. Währenddessen liest er noch eine weihnachtliche Geschichte vor. So kann jeder Schüler in Ruhe sein „Werk" fertig stellen und aufkleben, und auch die langsamen Schüler haben die Gelegenheit, in ihrem eigenen Tempo zu arbeiten und sich am Gesamtwerk zu beteiligen. Die Schüler, die bereits fertig sind, können der Geschichte – passend zum Thema – lauschen. Dies regt zum eigenen Lesen in der Freizeit an.

Es wird nochmals das Gesamtwerk betrachtet, einzelne Besonderheiten können hervorgehoben werden. Dabei ist es wichtig, einzelne Arbeiten nicht zu kritisieren und, wenn nötig, nur sehr behutsam auf bestehende Fehler (z. B. Rechtschreibfehler) hinzuweisen. Es sollten die Möglichkeiten und Fähigkeiten der Einzelnen berücksichtigt und Unzulänglichkeiten nicht in den Vordergrund gestellt werden.

Als Abschluss wird ein Weihnachtslied gesungen. Anschließend verabschiedet der Lehrer die Schüler einzeln mit den entsprechenden Weihnachtswünschen.

Die Dokumentation verbleibt im Klassenzimmer. Dadurch haben die Schüler auch später noch die Gelegenheit, die unterschiedlichsten Berichte ihrer Mitschüler zu lesen und das Weihnachtsfest in den verschiedenen anderen Ländern kennen zu lernen. Dies dient zur Sicherung des Lerninhaltes. Später kann zum Beispiel nochmals auf die unterschiedlichsten Kulturen eingegangen werden, die geographische Lage der einzelnen Länder kann bestimmt werden. Auch ist es möglich, den Weihnachtsbaum noch weiter auszubauen durch ergänzende Informationen und weiteres Material.

Literatur

Arbeitsgemeinschaft Jugend und Bildung e. V. (Hrsg.): Weihnachten. In: Mücke, Heft 12/1987/88
Becker, Georg E. und Ursula Coburn-Staege (Hrsg): Pädagogik gegen Fremdenfeindlichkeit, Rassismus und Gewalt. Weinheim und Basel 1994
Bertelsmann Club GmbH (Hrsg.): Jeden Tag ein bisschen mehr Weihnachten. München 1996
Braun, Anne: Das große Advents- und Weihnachtsbuch für Kinder. Würzburg 1993
Guggenmos, Josef: Am 4. Dezember. In: Adventskalender-Briefkasten, Brief Nr. 4. Würzburg 1996
Michels, Tilde: Das ist alles Weihnachten. München 1974
Paul, Albert: Sprachenhandbuch. Zürich ²1968

Weihnachtsgrüße aus aller Welt (Lösungen)

Deutschland: Frohe Weihnachten
Frankreich: Bonne Noël
Griechenland: καλά Χριστούγεννα
Großbritannien: Happy Christmas
Italien: Buon Natale
Kroatien: Sretan Božič
Niederlande: Vrolijk Kerstfeest
Polen: Wesółych Świąt
Portugal: Feliz Natal
Schweden: Glad Jul
Spanien: Feliz Navidad

Weihnachtsgrüße aus aller Welt

Buon Natale

Wesołych Świąt

Frohe Weihnachten

Sretan Božič

Καλα Χριστούγεννα

Bonne Noël

Happy Christmas

Glad Jul

Feliz Natal

Vrolijk Kerstfeest

Feliz Navidad

Aus welchen Ländern stammen diese Postkarten?

Kennst du weitere Weihnachtswünsche aus anderen Ländern?

Deutschland
Frankreich
Griechenland
Großbritannien
Italien
Kroatien
Niederlande
Polen
Portugal
Schweden
Spanien

Kroatien

In der Vorweihnachtszeit besuchen an den Adventssonntagen die christlichen Familien gemeinsam die Kirche und erwarten gemeinsam die Ankunft des Christkindes.
Dafür wird zu Hause ein Teller mit Erde gefüllt und mit Weizenkörnern bestreut, die dann wieder mit ein wenig Erde bedeckt werden. Der Teller wird an einen warmen, hellen Ort gestellt und regelmäßig gegossen.
Nach acht bis zwölf Tagen keimt der Weihnachtsweizen und schon kurze Zeit später ist ein kleines Gärtchen entstanden.
In dieses werden am Heiligen Abend, dem 24. Dezember, eine Kerze und Krippenfiguren gestellt.
Am Heiligen Abend wird der Weihnachtsbaum aufgestellt und geschmückt.
In manchen Familien wird auch nur eine Zimmerecke mit ein wenig Heu und einer Krippe dekoriert.
Nach dem Besuch der Messe wird gemeinsam gegessen, gefeiert und gebetet.

Geschenke erhalten die Kinder selten. Wenn sie doch eine Kleinigkeit geschenkt bekommen, bringt sie das Christkind in der Nacht auf den 25. Dezember und legt sie für die Kinder unter den Weihnachtsbaum oder neben die Krippe ins Heu.

Griechenland

Am Heiligen Abend, dem 24. Dezember, gehen die Kinder von Haus zu Haus und singen Weihnachtslieder.
Am Abend nach dem gemeinsamen Essen besucht die Familie zusammen die Mitternachtsmesse.

Ein besonderer Feiertag in der Weihnachtszeit ist der 1. Januar,
der Namenstag des Heiligen Vassilius.
Er war sehr mildtätig
und freundlich zu den Armen.
Deshalb erhalten die Kinder auch an diesem Tag ihre Geschenke.
Zur Feier des Tages isst man gemeinsam einen Kuchen aus Hefeteig, den Vassilopitta.
In diesem ist eine Münze versteckt.
Wer sie findet, hat im neuen Jahr
ganz besonders viel Glück.

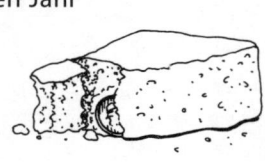

Polen

Das Weihnachtsfest feiern die Familien gemeinsam.
Am 24. Dezember wird gefastet.
Erst am Abend wird gemeinsam gegessen.
Dazu wird der Tisch festlich geschmückt
und gedeckt.
Es wird immer ein Teller mehr auf den Tisch gestellt
für einen unerwarteten Gast.
Zu Beginn des Festmahles feiert man
einen alten Brauch.
Dazu gehören die Weihnachtsoblaten,
rechteckige Backoblaten, auf denen meist
ein Bild eingeprägt ist.
Zuerst versammelt sich die Familie
bei Kerzenlicht um den gedeckten Tisch
und liest das Weihnachtsevangelium und betet.
Nach dem Gebet teilen alle ihre Weihnachtsoblaten.
Erst danach beginnt das weihnachtliche Festessen.

Großbritannien

In der Vorweihnachtszeit ziehen die Kinder
von Haus zu Haus und singen Weihnachtslieder.
Zur Belohnung bekommen sie Süßigkeiten
oder Geld.
Die Wohnung wird mit bunten Papierschlangen
und mit Girlanden geschmückt.
Weihnachtskarten werden geschrieben,
Weihnachtskarten von Freunden und
Bekannten werden an eine Leine geheftet
und im Zimmer aufgehängt.
Unter der Tür oder unter einer Lampe
wird ein Mistelzweig aufgehängt.
Er soll Glück bringen.

Am Heiligen Abend wird gemeinsam
Truthahn gegessen und anschließend die
Mitternachtsmesse in der Kirche besucht.
Der Weihnachtsmann kommt in der Nacht
auf den 25. Dezember mit dem Schlitten.
Die Kinder haben vor dem Schlafengehen
einen Strumpf an ihr Bett gehängt.
Wenn die Kinder schlafen,
füllt er die Strümpfe mit Süßigkeiten
und legt Geschenke auf den Gabentisch.

Schweden

Das Weihnachtsfest heißt dort Julfest.
Da es in Nordeuropa im Winter sehr dunkel ist, werden in der Vorweihnachtszeit überall Kerzen und Lichterketten aufgehängt.
Die Fenster werden schon früh mit Sternen aus Stroh geschmückt und in vielen Häusern steht ein Julbock,
ein aus Stroh geflochtener Ziegenbock.
Es wird gebacken und gebastelt.

Früher wurde das Fest am 21. Dezember gefeiert, da ab diesem Tage die Tage wieder länger werden.
Heute jedoch feiert man am 24. Dezember ein ausgelassenes Fest.
Es wird gemeinsam gesungen, getanzt und gefeiert. Nach dem Essen wird singend um den Weihnachtsbaum getanzt.
Zu essen gibt es einfache Gerichte, Stockfisch und danach einen Reisbrei mit Zucker und Zimt.
Erst in den nächsten Tagen wird kräftig geschlemmt. Als besondere Spezialität gibt es knusprig gebackenen Schinken.

Die Geschenke bringt der Jultomte mit dem Schlitten.
Ein alter Brauch ist es auch, bei Freunden an die Tür zu klopfen, schnell ein Geschenk abzustellen und dann so schnell wie möglich unentdeckt zu verschwinden.
Dieser Brauch wird Julklap genannt.

Niederlande

Weihnachten ist hier ein sehr stilles und besinnliches Fest.

Das eigentliche große Familienfest wird am Abend vor Sinterklaas (Sankt Nikolaus) gefeiert, am Abend des 5. Dezember.
Es ist eines der schönsten Feste des Jahres.

Der Sinterklaas kommt mit dem Schiff an die Küste gefahren.
Dazu fährt ein richtiges Schiff auf die Küste zu.
Wo dies nicht möglich ist,
wird es in einer Aufführung dargestellt.
Sinterklaas bringt die Geschenke mit und verteilt sie an die Menschen.

Eine alte Sitte verlangt es,
dass in jedes Gabenpäckchen auch ein selbst geschriebenes Gedicht gelegt wird.
Dies muss natürlich nicht perfekt sein, es genügt, wenn es passend und lustig ist.

Italien

In der Vorweihnachtszeit
werden die Kirchen reich geschmückt.
Familien stellen Krippen zu Hause auf.
Die Kinder werden bereits vor Weihnachten
beschenkt. Am 6. Dezember bringt ihnen
San Nikola Süßigkeiten, am 13. Dezember werden
sie von Santa Lucia beschenkt.

Am Heiligen Abend, dem 24. Dezember, wird
der Weihnachtsbaum aufgestellt und geschmückt.
Den ganzen Tag wird gefastet,
erst am Abend wird gemeinsam gegessen.
In den meisten Familien gibt es Fisch.

Am Weihnachtstag, dem 25. Dezember,
geht der Vater mit den Kindern in die Kirche,
während die Mutter das Weihnachtsfestessen
zubereitet. Dann wird das Fest des
Il Bambinello Gesu (Christkind) gefeiert
und gemeinsam das Festmahl verzehrt.
Ein Olivenbäumchen wird im offenen Kamin
verbrannt. Manchmal erhalten die Kinder dann
auch Geschenke, die unter dem Weihnachtsbaum
neben der Krippe für sie bereitliegen.

Die richtigen Weihnachtsgeschenke bekommen
die Kinder erst am 6. Januar, dem Tag der
Heiligen Drei Könige.
Dann zieht La Befana von Dach zu Dach und
hinterlässt den artigen Kinder Süßigkeiten
und den unartigen schwarze Kohlen.

Frankreich

Vor allem der Heilige Abend, der 24. Dezember,
ist für die Kinder ein aufregender Tag.
Am Weihnachtsmorgen wird der Baum aufgestellt
und reichlich geschmückt.
Unter dem Weihnachtsbaum wird eine Krippe
aufgestellt.

Am Abend dürfen die Kinder lange aufbleiben.
Zuerst geht die Familie in die Mette,
und alle essen gegen Mitternacht das
festliche Weihnachtsessen, das réveillon.
Danach dürfen die Kinder das Christuskind
in die Krippe unterm Baum legen.
Dann erhalten sie ihre Geschenke.

Während der ganzen Festtage gehen die Familien
in die Kirche und essen gemeinsam ein Festmahl.

Die Erwachsenen bekommen ihre Geschenke an
Neujahr, dem 1. Januar.

Spanien

In der Vorweihnachtszeit ist es eher ruhig.
Erst am 24. Dezember, dem Heiligen Abend,
beginnt die Zeit der Feste und Feiern.
An diesem Tag wird eine Krippe aufgestellt
und das Zuhause geschmückt.
Am Abend wird dann gemeinsam gefeiert,
gegessen und getrunken,
es wird getanzt und musiziert.
In der Nacht findet ein großes Feuerwerk statt.

Bis zum 6. Januar werden dann viele verschiedene
Feste mit Umzügen und Aufführungen gefeiert.
Ab 30. Dezember wird zum Beispiel Brennholz
gesammelt und eine Kiefer gefällt.
Diese wird geschmückt in den Ort getragen.
Die Äste werden an die Anwesenden verteilt
und dann wird gemeinsam gefeiert.

Geschenke erhalten die Kinder erst am 6. Januar,
am Fest der Heiligen drei Könige.
Diese bringen den braven Kindern die Geschenke.
An diesem Tag wird als Höhepunkt ein großes Fest
gefeiert.

Portugal

Das Weihnachtsfest ist das wichtigste Fest
in Portugal.
Die ganze Familie trifft sich und feiert
zusammen mit den Verwandten und Nachbarn.
Zur Vorbereitung des Weihnachtsfestes
wird ein großer Baum gefällt.
Am 24. Dezember besuchen alle gemeinsam
die Mitternachtsmesse.
Zur Messe bringen die Menschen
verschiedene Gaben wie Brot, Milch
und andere ländliche Produkte mit
und schenken diese dem Christuskind.

Anschließend trifft man sich auf dem Dorfplatz,
wo der große gefällte Baumstamm angezündet
wird, damit sich die Menschen wärmen können.

Danach wird gemeinsam ein großes Festmahl
gefeiert, gesungen und getanzt.
Oft geht man von Tür zu Tür, musiziert
und singt Lieder zur Geburt des Christuskindes.
Die Weihnachtsgeschenke für die Kinder
bringen die Heiligen Drei Könige am 6. Januar.

WEIHNACHTEN IN ANDEREN LÄNDERN

DOROTHEE ARNOLD
Le Noël de Louise et Luc
Louise und Luc feiern Weihnachten

Mithilfe einer Bildergeschichte zur Weihnachtszeit erweitern die Schülerinnen und Schüler ihren französischen Wortschatz. Die Geschichte kann in allen Klassenstufen der Grundschule eingesetzt werden.

Illustration: Dorothee Arnold

Französische und britische Weihnachtsbräuche

Die Bildergeschichte wurde für den Einsatz im Französischunterricht der Grundschule konzipiert. Ein Einsatz dieser Bildergeschichte im Englischunterricht ist ebenso denkbar, da einige Weihnachtsbräuche in Frankreich und Großbritannien ähnlich sind:

Noël en France	Christmas in Great Britain
Wunschzettel an Père Noël schreiben.	Eine große Bedeutung hat das Schreiben von Weihnachtskarten an Bekannte und Verwandte.
Geschenke werden gebastelt und hübsch verpackt.	
Wohnräume und Baum werden weihnachtlich geschmückt.	
Père Noël kommt in der Nacht vom 24. auf den 25. Dezember ins Wohnzimmer und steckt die Geschenke in die Schuhe, die unter dem Weihnachtsbaum stehen.	Father Christmas kommt in der Nacht vom 24. auf den 25. Dezember ins Wohnzimmer und steckt die Geschenke in die Strümpfe der Kinder.
Früh morgens am 25. Dezember werden die Geschenke geöffnet.	
Am 25. Dezember findet mittags ein Festessen (le repas de Noël) mit Verwandten statt.	Am 25. Dezember findet abends das feierliche Weihnachtsessen (Christmas dinner) statt.

Die Bildergeschichte umfasst zwölf Szenenbilder (siehe S. 50–55). Alle handeln von einem französischen Geschwisterpaar: Luc, dem großen Bruder, und Louise, seiner kleinen Schwester. Die beiden Kinder bereiten sich mit ihren Eltern auf Weihnachten vor. Und schließlich wird am 25. Dezember gemeinsam mit den Großeltern das Weihnachtsfest gefeiert. Die Bildergeschichte kann dazu animieren, selbst ähnliche vorweihnachtliche Aktivitäten wie Luc und Louise durchzuführen: einen Wunschzettel schreiben oder malen, Kerzen mit Weihnachtsmotiven verzieren, Geschenke hübsch einpacken, den Eltern helfen, den Wohnraum weihnachtlich zu dekorieren, ...

Die zwölf Bilder sollen Ihre Kreativität beim Planen Ihres Unterrichts anregen. Für den Einsatz bei Erst- und Zweitklässern empfiehlt sich eine Aufteilung der Bildergeschichte, im Sinne einer Fortsetzungsgeschichte, sodass der französische Wortschatz in kleinen „Häppchen" erweitert wird. Drittklässern können Sie die Geschichte vollständig präsentieren. Viertklässlern, die bereits seit der ersten Klasse Französisch lernen, können Sie die Bilder mit dem französischen Text eventuell zum Selbstlesen austeilen.

In jeder Klassenstufe eignet sich die Geschichte mit ihrer einfachen Satzstruktur und ihrer Handlungsorientierung als Rollenspiel oder Pantomime. Während Sie oder einige Kinder den Text sprechen, können andere Schülerinnen und Schüler das Gesprochene darstellen. Die Geschichte lässt Raum für weitere französische Advents- und Weihnachtsbräuche wie z. B. Gedichte, Lieder,

WEIHNACHTEN IN ANDEREN LÄNDERN

Bild	Sequenz
1–3	1
4–5	2
6	3
7	4
8	5
9–10	6
11	7
12	8

Abb. 1: Aufteilung der Geschichte in acht Unterrichtssequenzen

Weihnachtsbäckerei etc. Ob Sie als Abschluss oder Erinnerung jedes Kind sein eigenes Bilderbuch zu der Geschichte erstellen lassen oder eine Darbietung bei einer Advents- oder Weihnachtsfeier mit den Kindern einstudieren – die Möglichkeiten sind vielfältig. Lassen Sie sich von Luc und Louise inspirieren und einen Hauch von französischer Weihnacht in Ihr Klassenzimmer wehen.

Beispiel für den Einsatz im ersten oder zweiten Schuljahr

Die Bildergeschichte „Le Noël de Louise et Luc" lässt sich in acht Unterrichtssequenzen aufteilen (siehe *Abb. 1*). Jeden Tag werden weitere Erlebnisse der Geschwister erzählt und der französische Wortschatz wird täglich erweitert. Bei jeder Unterrichtssequenz ist die Eigenaktivität des einzelnen Kindes sehr wichtig. Bei Arbeitsaufträgen werden die Kinder in der Du-Form angesprochen.

Jede Unterrichtssequenz ist aus vier Bausteinen aufgebaut:
1. Wortschatzeinführung,
2. Geschichte mit Szenenbildern,
3. Wortschatzarbeit/ -übungen/ -spiele,
4. Aktion.

Jedes Kind sollte einen Schnellhefter für Französisch haben mit einer Klarsichthülle. In dieser Klarsichthülle werden die Szenenbilder über die Dauer der Unterrichtseinheit gesammelt. Zum einen werden die Szenenbilder für die Wortschatzarbeit immer wieder benötigt. Zum anderen soll ein Bilderbuch (un livre d'image) daraus entstehen.

Im Folgenden wird an der ersten Sequenz die Arbeit vorgestellt. Analog kann mit den anderen Abschnitten fortgefahren werden.

Erste Unterrichtssequenz:
Quelques jours avant Noël

Wortschatz : Quelques jours avant, Noël, Louise, Luc, une lettre, Père Noël, une montre, des blocs de jeu de construction, un dessin.

1. Wortschatzeinführung: Zur Einführung der Wörter werden Bildkarten genutzt (siehe S. 91). Zu jeder Bildkarte wird das französische Wort gesagt und gleichzeitig eine passende Bewegung gemacht. Die Kinder werden zum Mitmachen animiert. Die Bedeutung von „quelques jours avant" wird separat erklärt.

2. Geschichte mit Szenenbildern: Erzählen Sie die Geschichte und befestigen Sie die Szenenbilder 1, 2 und 3 an der Tafel.

Verteilen Sie anschließend die Rollen von Louise und Luc an zwei Kinder. Eine kleine Verkleidung (z. B. Halstücher, T-Shirts oder Kappen) macht das Rollenspiel lebendiger. Erzählen Sie die Geschichte ein zweites Mal und lassen Sie die beiden Kinder das Gesprochene pantomimisch darstellen.

Erzählen Sie abschließend den Text in falscher Reihenfolge. Nach jeder Szene darf ein Kind das entsprechende Szenenbild an der Tafel zeigen.

3. Wortschatzarbeit:
- Wort-Pantomime-Zuordnungsspiel:
Sprechen Sie die acht Wörter des neuen Wortschatzes, zeigen Sie gleichzeitig die passende Bildkarte (siehe S. 91) und lassen Sie die Kinder die dazu eingeführten Bewegungen machen.
- Befehle ausführen lassen (alle handeln gleichzeitig):
Montre-moi … (… deux/un/quatre/trois avec tes doigts)!
Montre-moi … (… le dessin des blocs de jeu de construction)!
Dessine … (… une montre)!
Prends … (… l'image de Louise et Luc et mets le dans ta pochette)!

4. Aktion: „Ecrit une lettre au Père Noël."
Egal, ob Sie von den Kindern als vorbereitende Hausaufgabe Spielzeugkataloge und Prospekte mitbringen lassen, woraus diese ihre eigenen Wünsche ausschneiden dürfen oder ob die Kinder ihre Wünsche aufmalen, schreiben etc. – das Anfertigen eines eigenen Wunschzettels kommt bei Kindern immer gut an!

Der Brief wird mit dem Absender beschriftet und an folgende Fantasie-Anschrift adressiert: Père Noël, rue des désirs, France.

Sammeln Sie die Briefe ein und leiten Sie diese an die Eltern der Kinder weiter oder … ●

Illustration: Dorothee Arnold

Le Noël de Louise et Luc

1. Quelques jours avant Noël Louise et Luc ont beaucoup de choses à faire. D'abord ils écrivent deux lettres au Père Noël.

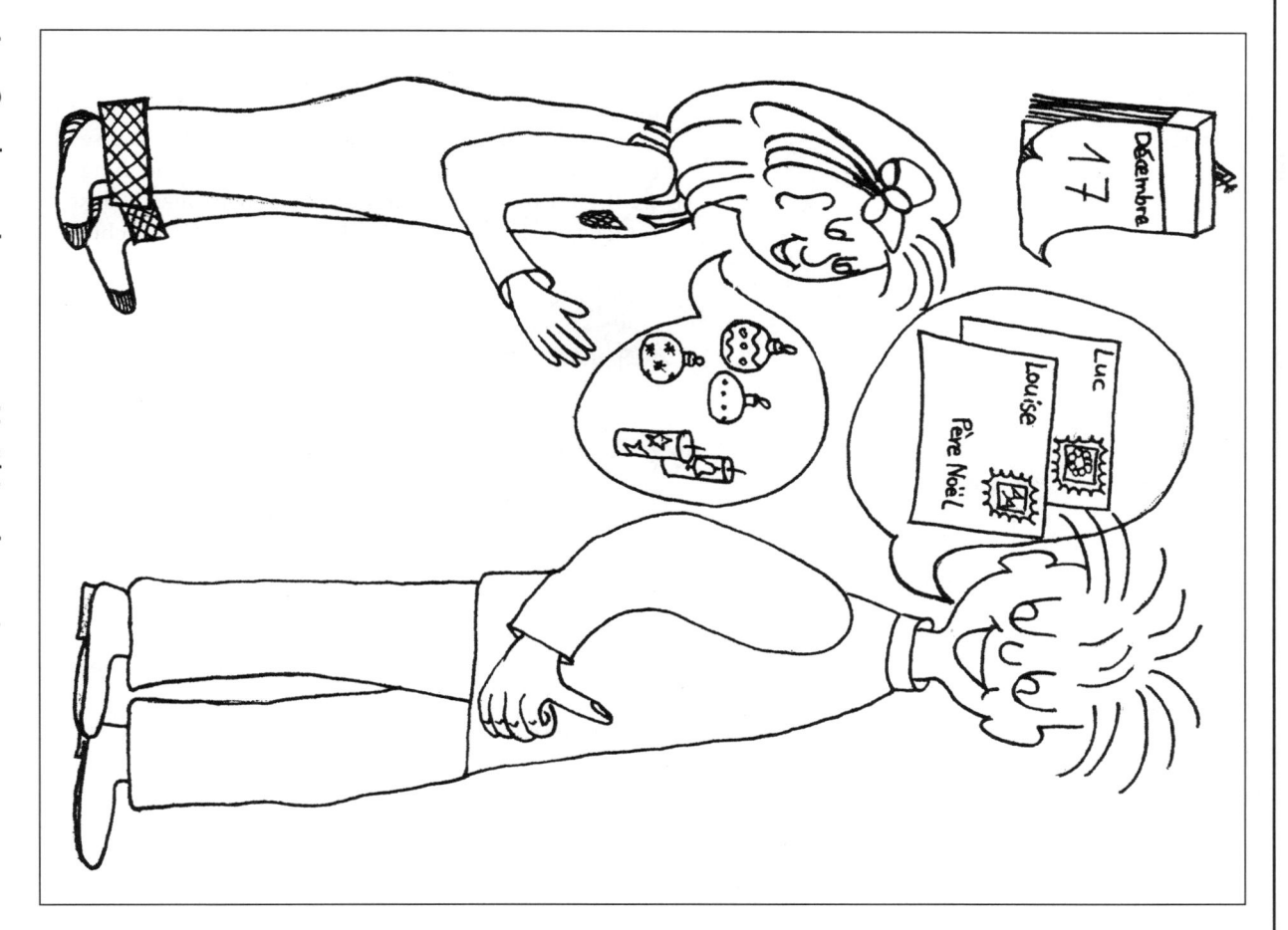

2. Luc veut bien avoir une montre. Il l'écrit.

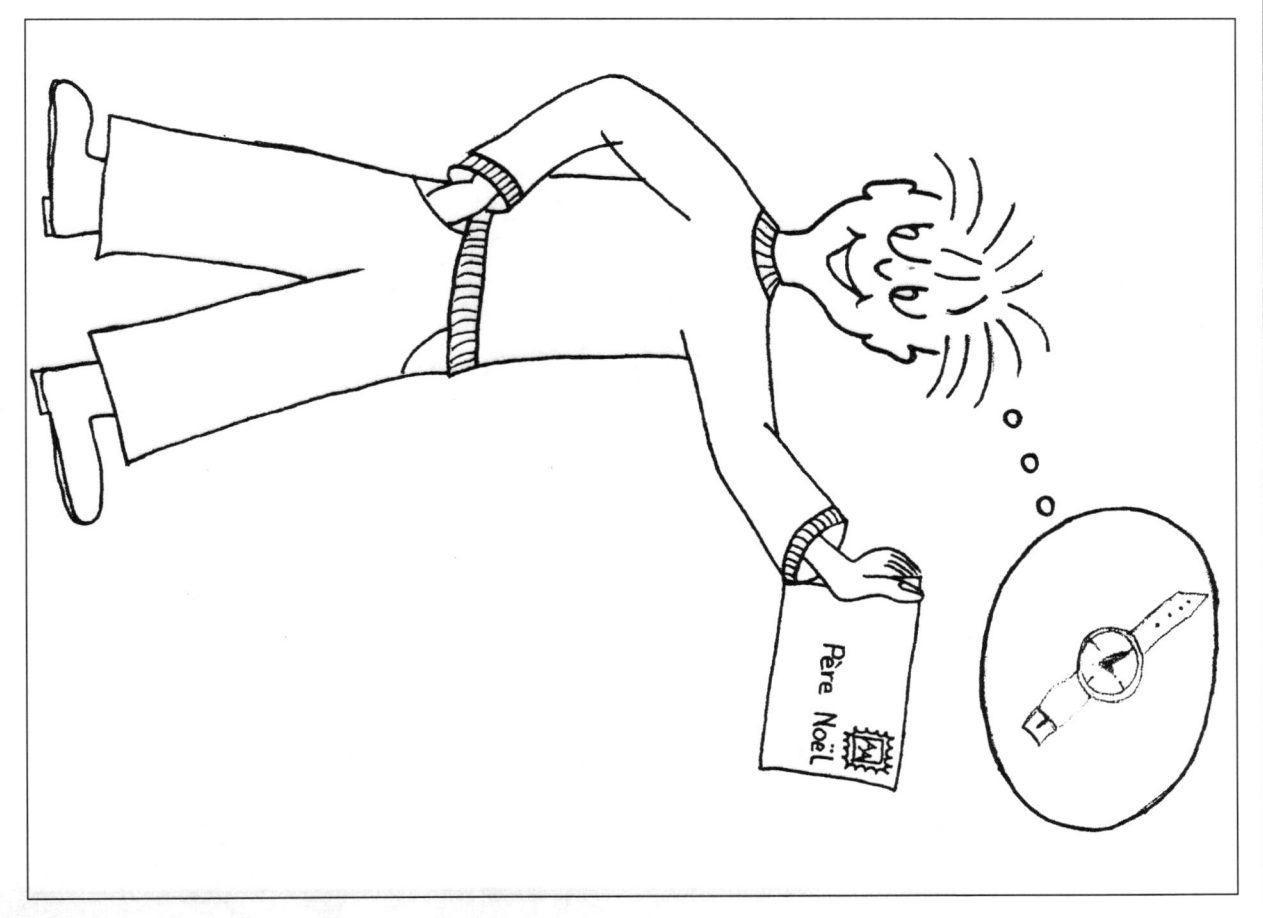

Le Noël de Louise et Luc

4. Un autre jour frère et sœur font des cadeaux. Ils décorent des bougies.

3. Louise veut bien avoir des blocs de jeu de construction. Elle fait un dessin.

Le Noël de Louise et Luc

5. Puis Louise et Luc essaient de faire de jolis paquets.

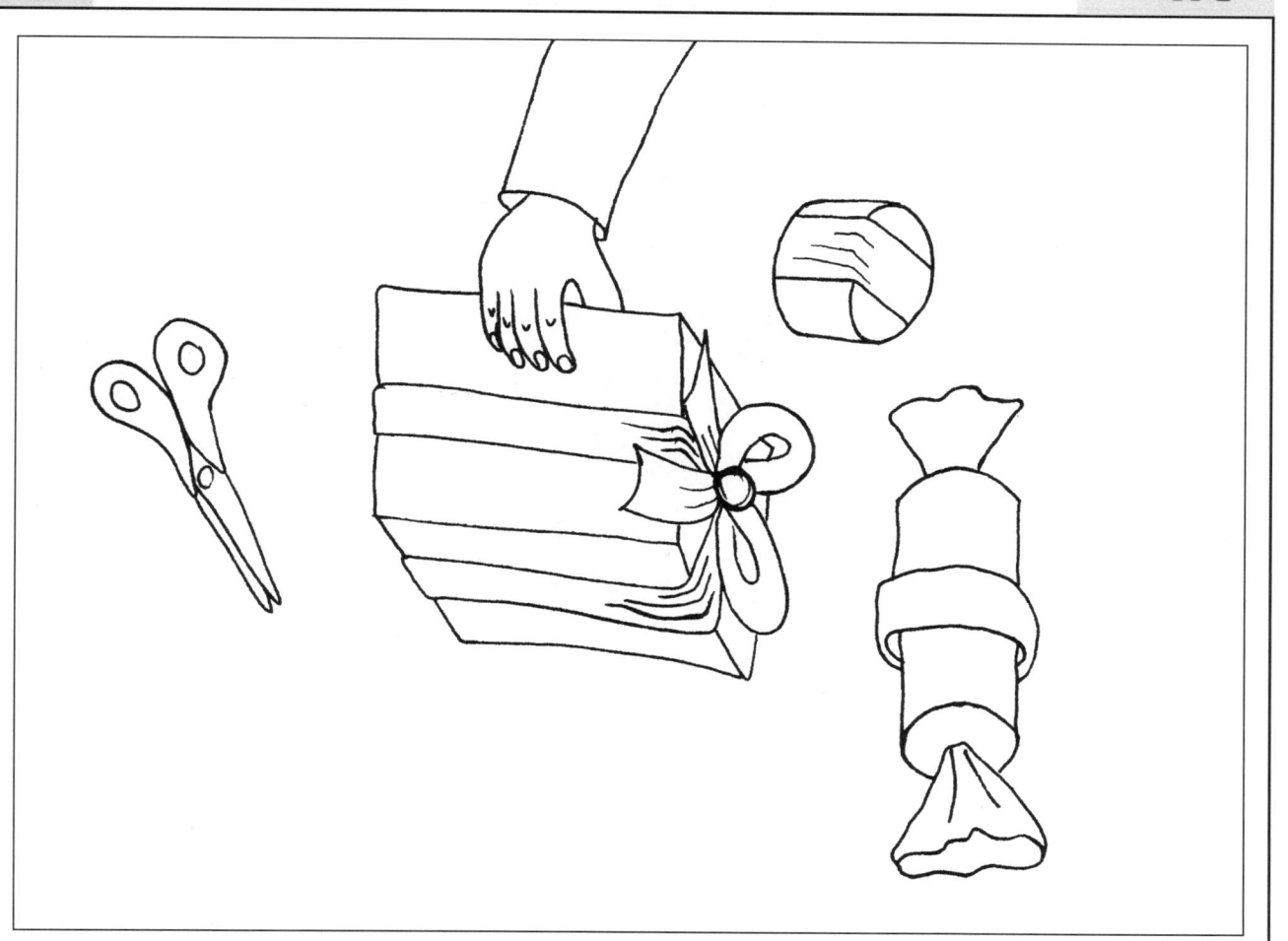

6. Il neige le jour avant Noël.

Le Noël de Louise et Luc

8. A la maison, Louise et Luc aident maman. Ils mettent des boules et des guirlandes au sapin de Noël.

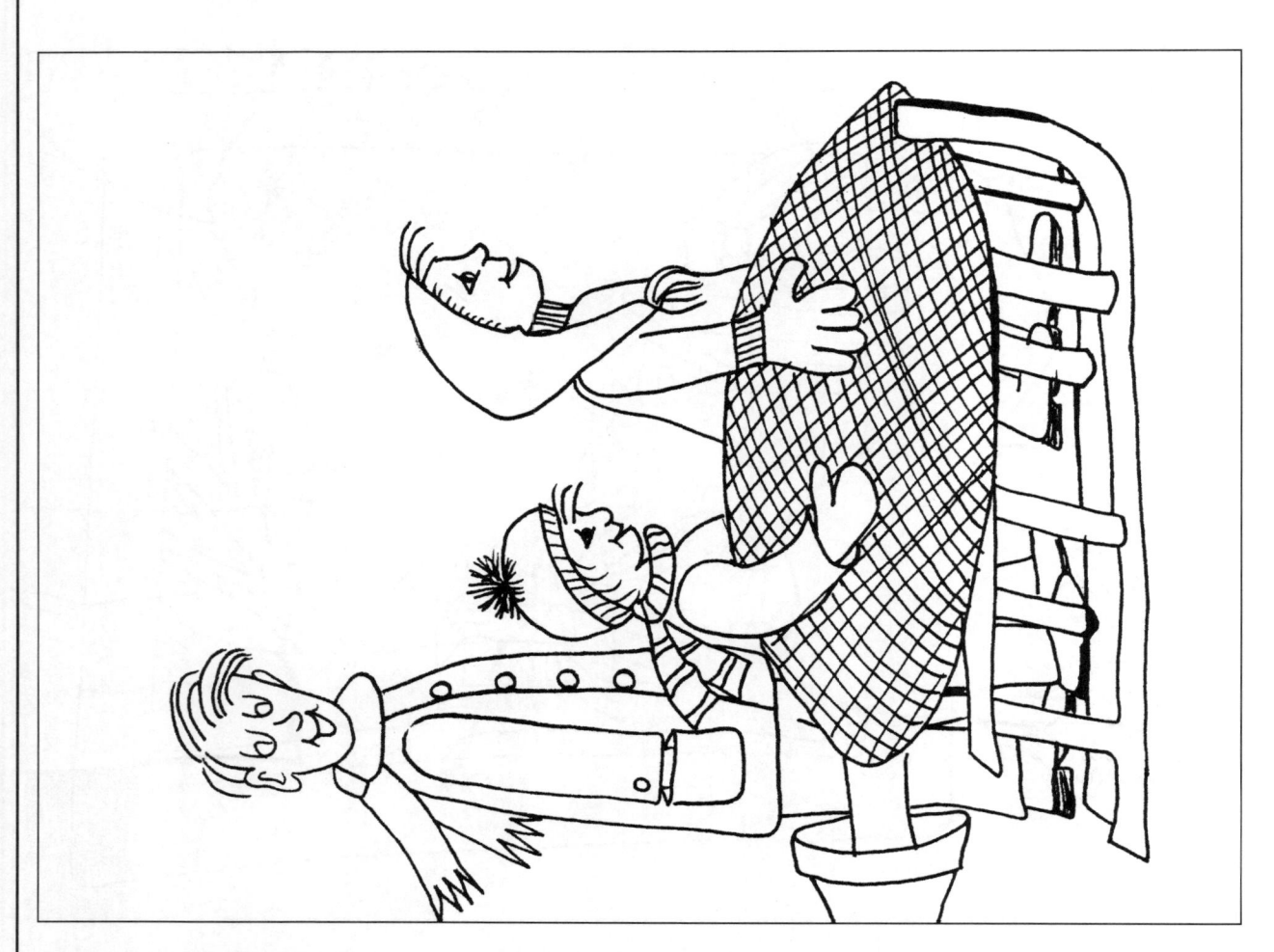

7. Papa et les enfants achètent un sapin de Noël. Louise et Luc poussent la luge.

Le Noël de Louise et Luc

M 5

9. La veille de Noël, le soir, on met ses chaussures devant le sapin de Noël.

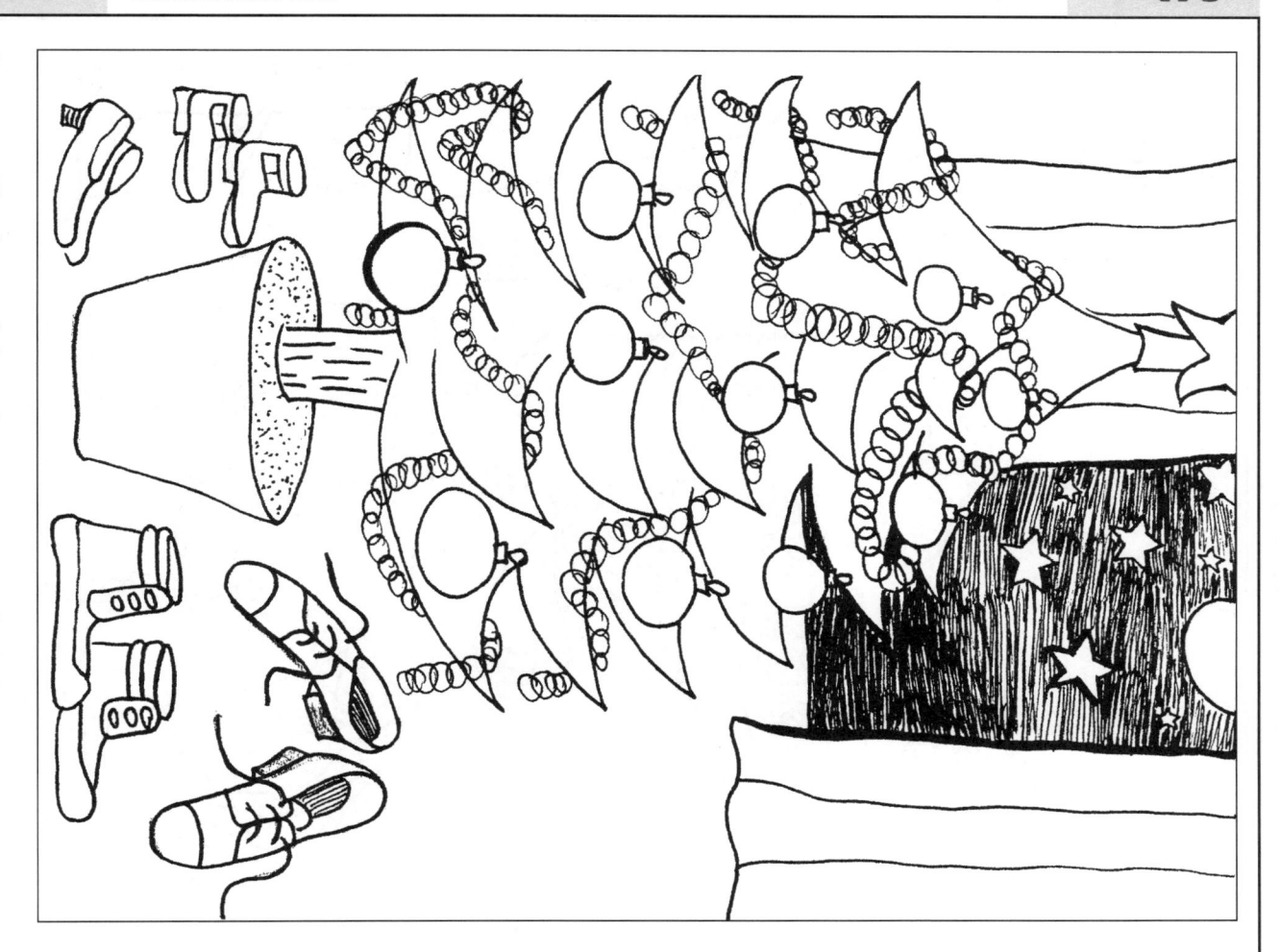

10. Dans la nuit le Père Noël arrive. Il dépose les cadeaux dans les chaussures.

Le Noël de Louise et Luc

M 6

12. A midi on mange le repas de Noël avec grand-mère et grand-père.

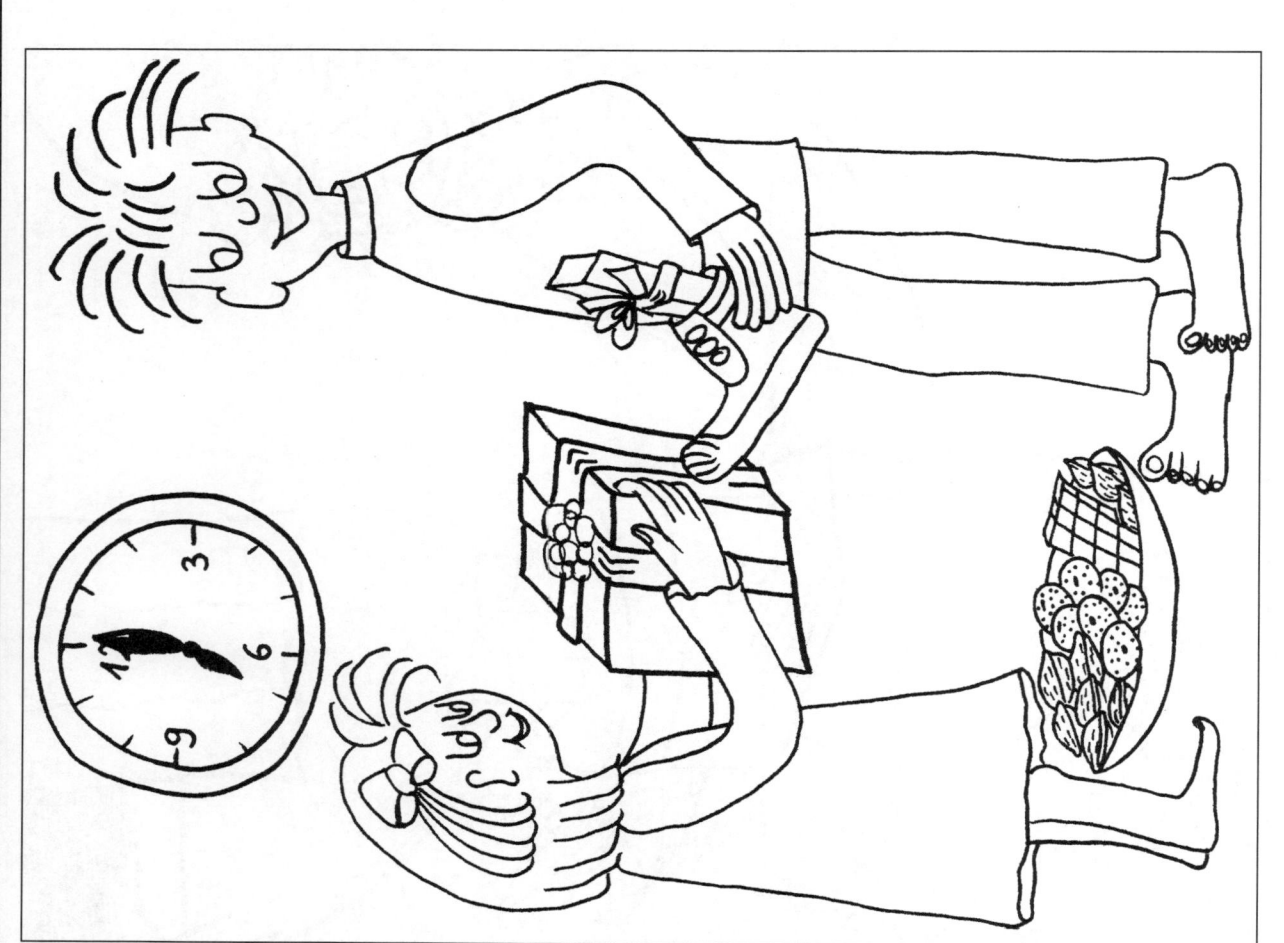

11. Le lendemain matin, Louise et Luc trouvent leurs cadeaux. Aussi des mandarines, du chocolat et des noix.

COPY — Le Noël de Louise et Luc — M 7

WEIHNACHTEN IN ANDEREN LÄNDERN

Getting into the Spirit of an English Christmas

Barbara Shatliff

Weihnachten ist ein zentrales Ereignis für Kinder und ist sicher neben dem Geburtstag das größte Ereignis im Laufe eines Lebensjahres. Dies gilt auch in englischsprachigen Ländern. So bietet es sich geradezu an, sich mit den Weihnachtsbräuchen und Traditionen englischsprachiger Länder zu beschäftigen.

Vor Weihnachten geht es in den Grundschulen in Großbritannien emsig zu. Klassenräume werden dekoriert, Christmas carols gelernt und ein Christmas play – nicht immer das übliche nativity play (Krippenspiel) – wird einstudiert. Auffällig ist, dass die Weihnachtsdekorationen sehr bunt sind. So werden auch Wohnungen zwar mit einem uns bekannten Weihnachtsbaum ausgestattet, aber hinzu kommen bunte Girlanden, Luftschlangen und -ballons.

In Großbritannien tauscht man unter Verwandten, Freunden und Bekannten weitaus mehr Christmas cards aus als in Deutschland. Die Weihnachtskarten finden bereits lange vor Weihnachten ihren Platz auf dem Kaminsims und an Wandkartenhaltern. In britischen Schulen wird in der Regel eine große Letterbox aufgestellt, in dem die Schüler ihre Weihnachtspost einwerfen. Am letzten Schultag oder am Tag der Weihnachtsfeier wird die Weihnachtspost verteilt.

Das vorweihnachtliche Keksebacken ist in Großbritannien nicht üblich. Stattdessen wird der Christmas Pudding vielerorts noch selbst hergestellt. Er ist auch als Plum Pudding bekannt. Dieser Kuchen enthält viele Rosinen, die im frühen 20. Jahrhundert anstatt von „raisins" (Rosinen) „plums" (Pflaumen) genannt wurden. Beim Backen darf jedes Familienmitglied einmal den Teig umrühren und dabei sich etwas wünschen. Es war früher Sitte, Silbertaler in den Teig zu geben. Beim Verzehren des Kuchens hoffte jeder auf ein Stück mit einem Taler, da dieses als Glück bringend angesehen wurde.

In den letzten Jahrzehnten hat der Adventskalender mehr und mehr Anhänger unter den Briten gefunden, den Adventskranz mit seinen vier Kerzen sieht man seltener. Seit der Ära von Prinz *Albert* und Königin *Victoria* ist auch der Weihnachtsbaum Bestandteil des britischen Weihnachtsfestes.

Der Christmas Eve, der 24. Dezember, wird in Großbritannien nicht gefeiert. Im Gegensatz zu der deutschen Weihnachtsfeier am Heiligabend geht es in britischen Haushalten bis zum späten Abend geschäftig mit Vorbereitungen und Besorgungen zu. Die Geschäfte sind in der Regel bis um 17.30 Uhr geöffnet, einige auch länger. Bevor die Kinder zu Bett gehen, hängen sie ihren Stocking an das Fußende ihres Bettes oder am Kaminsims auf. In ihrer Vorstellung reist Father Christmas in der Nacht vom 24. zum 25. Dezember auf einem Schlitten von Rentieren gezogen durch die Lüfte und kommt durch den Kamin des Hauses, um seine Geschenke abzuladen, wobei er zusätzlich auch kleinere Geschenke in die Stockings legt. Sobald die Kinder am 25. Dezember, dem Christmas Day, wach werden, ist Bescherung – meist bereits vor dem Frühstück.

Das traditionelle britische Weihnachtsessen (Christmas Dinner), zu dem der gebratene Truthahn und als Nachtisch der Christmas Pudding gehören, ist der zweite Höhepunkt am 25. Dezember. Der Esstisch ist festlich geschmückt und als Tischdekoration liegt auf jedem Teller ein Cracker (Knallbonbon). *Tom Smith*, ein Londoner Süßigkeitenhersteller erfand 1846 die Crackers. Das französische Bonbon (Süßigkeiten, die in buntem Papier gerollt werden und dessen Papier an zwei Enden zugedreht werden) brachte ihn auf die Idee. Er fügte den Süßigkeiten jedoch noch Sprüche auf Papierstreifen bei, kleine Geschenke und auffaltbare Papierhüte. Wenn zwei Personen je an einem der beiden Enden des Crackers ziehen, geht der Cracker mit einem Knall auf. Die Person, die den größeren Teil des Knallbonbons in der Hand hält, darf den Inhalt des Crackers behalten. „Pull a cracker" findet kurz vor dem Beginn der Mahlzeit statt, sodass alle am Ende einen bunten Papierhut zum Essen tragen können.

Realisation in the classroom

Wie lassen sich die beschriebenen recht komplexen landeskundlichen Inhalte im Englischunterricht in der Grundschule vermitteln, und wie wird man dabei dem Anspruch eines einsprachigen Unterrichts und eines handlungsorientierten und kom-

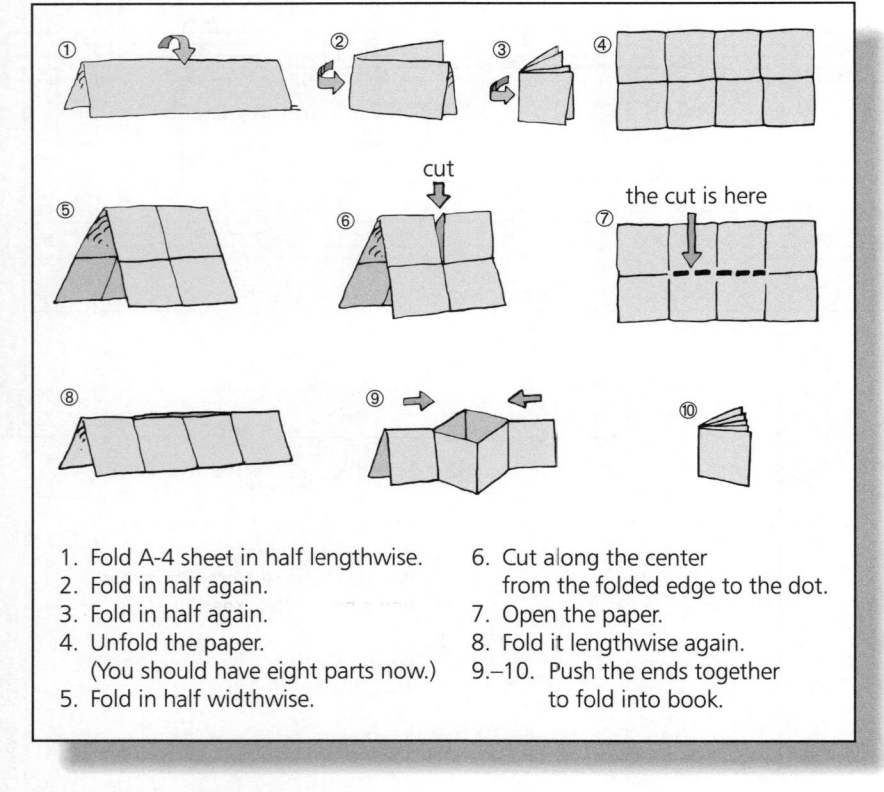

---

1. Fold A-4 sheet in half lengthwise.
2. Fold in half again.
3. Fold in half again.
4. Unfold the paper.
   (You should have eight parts now.)
5. Fold in half widthwise.
6. Cut along the center from the folded edge to the dot.
7. Open the paper.
8. Fold it lengthwise again.
9.–10. Push the ends together to fold into book.

Abb. 1: My own picture book

Illustration: Vieth Verlag

munikativen Ansatzes gerecht? Dies soll anhand von Beispielen möglicher Unterrichtssituationen dargestellt werden.

Jimmy's Christmas Card (Story)

„Today we are reading a story. It is a story about Jimmy. Jimmy is a boy. A big boy. He is nine years old. How old are you? ... This is Jimmy's house. Jimmy is standing at the door. It is cold. It is not warm. It is not summer. No, it is winter. We have got winter now. Are you cold now? ... No, we are not cold. We are in a house ... Let's find out what Jimmy is doing ..." So könnte die Lehrkraft mit der Vorstellung der Bildergeschichte beginnen. Beim anschließenden Erzählen der Geschichte zeigt die Lehrkraft auf die vergrößerten Bilder des kleinen Buches auf S. 95 und hängt sie an der Tafel auf. Durch das Zeigen auf die Abbildungen und durch Gestik und Mimik verdeutlicht die Lehrkraft die Bedeutungen der einzelnen Wörter. Viele sind Bezeichnungen für Gegenstände, die zur Herstellung von Weihnachtskarten benötigt werden (d. h. pens, piece of paper, scissors, glue, etc.) Auch die Arbeitsanweisungen wie draw, colour, cut out und stick sowie die Farbwörter können so eingeführt werden.

Find and Fetch

Zur Vertiefung des neuen Wortschatzes legt die Lehrkraft die in der Geschichte vorkommenden Gegenstände in die Mitte eines Stuhlkreises (einen Farbstiftset, einen Bogen Papier, eine Schere, einen Klebestift, einen Briefumschlag, einen aus Pappe ausgeschnittenen Weihnachtsmann, Weihnachtsbaum und Schneeflocken). Beim wiederholten Vorlesen der Geschichte wird je ein Kind aufgefordert, bei der Erwähnung der Gegenstände die entsprechenden Objekte sich zu holen: „Now we are Jimmy. We ... you are making a Christmas card. What do you need? Look at all these things on the floor! What does Jimmy fetch first? Listen carefully and fetch it!"

Die Lehrkraft liest die Geschichte vor. Beim Vorlesen der Farbwörter könnte die Lehrkraft einen Schüler bzw. eine Schülerin bitten, aus dem bereits geholten Farbstiftenset die entsprechenden Buntstifte hoch zu halten.

Listen and Match

Zur weiteren spielerischen Vertiefung erhalten die Schülerinnen und Schüler Jimmy's Christmas Card story in Form von Kärtchen (siehe S. 96, oben). Zunächst werden die Bildkärtchen in der richtigen Reihenfolge geordnet. Dies liefert einen erneuten Anlass, die Geschichte vorzulesen.

Read and Match

Anschließend könnten in Einzelarbeit Kärtchen, auf denen der Text zu den jeweiligen Bildern gedruckt ist, den Bildkärtchen zugeordnet werden (siehe S. 96, unten). Dem kann ein Memoryspiel in Partner- oder Gruppenarbeit folgen: Ein Spieler darf nur ein gefundenes Bildkartenpaar behalten, wenn er die Textkarte richtig vorlesen kann. Es ist sinnvoll, mit mehreren Kartensets gleichzeitig zu spielen, um allen genügend Zeit zum wiederholten Hören und Wiedergeben der Texte zu geben.

My own Picture Book (Colouring and Writing)

Die Schüler und Schülerinnen werden jetzt sicher mit einem gewissen Stolz den Text der Geschichte selber vorlesen können. Abschließend können sie ihr eigenes Buch „Jimmy's Christmas Card" herstellen. Hierzu kann wiederum die Kopiervorlage auf S. 96 benutzt werden. Durch die in Abb. 1 beschriebene Falttechnik verwandelt sich der A4-Bogen Papier in ein kleines Buch. Die einzelnen Abbildungen können zuvor angemalt werden. Möglich ist auch, die Schülerinnen und Schüler aufzufordern, selber die acht Bilder der Geschichte auf ein leeres A4-Blatt zu malen und den Text von Jimmy's Christmas Card abzuschreiben. Nun können sie sich gegenseitig Jimmy's story vorlesen.

Making Christmas Cards (Crafts)

Mit der geleisteten Vorarbeit zum Wortschatz fällt es den Schülern/Schülerinnen nicht schwer, einfache Anleitungen zu verstehen. Eine Bastelanleitung für eine typisch englische Weihnachtskarte finden Sie auf S. 97. Die fertig gestellten Karten sollten nicht nur mit „To ..." und „With love from ...", sondern auch mit einem Weihnachtsgruß versehen werden, wie zum Beispiel mit „Merry Christmas".

We wish you a Merry Christmas (Action song)

In diesem Zusammenhang bietet es sich an, das englische traditionelle Weihnachtslied „We wish you a merry Christmas" (siehe Abb. 2) einzustudieren. Die erste Strophe entspricht hier dem Originaltext, die weiteren wurden adaptiert. „We have made Christmas cards. I have made a Christmas card for my friend Lisa." Die Lehrkraft zeigt eine Weihnachtskarte, öffnet sie und zeigt auf den Text in der Karte: „To Lisa. Merry Christmas from Mrs. X. I wish Lisa a Merry Christmas. And I wish you all a Merry Christmas. There is a song, an English song: We wish you a Merry Christmas. Let's listen to it ..."

Die Lehrkraft singt oder spielt das Lied von einem Tonträger vor und führt die Bewegungen selbst aus. Sie ermuntert die Schülerinnen und Schüler, die im Song vorkommenden Bewegungen nachzumachen. Beim wiederholten Hören fordert sie die Kinder zum Mitsingen auf. Die Bewegungen, wie das clapping, jumping, etc. macht jedes Kind alleine. Bei der ersten Strophe und dem Refrain „We wish you a Merry Christmas" könnten die Schülerinnen und Schüler einen Kreis bilden, sich an den Händen fassen und seitwärts tanzen. Eine weitere Variante wäre, dass der ganze Kreis sich auf die Mitte zu bewegt und sich dann wieder nach außen bewegt.

The Snowman (Action rhyme)

Neben Action songs sind Action rhymes bei allen Kindern beliebt. Der Schneemann, der auch für englische Kinder eine Symbolfigur für den Winter und die Weihnachts-

[Musical notation: "We wish you a Merry Christmas" in 3/4 time, key of G major, with chord symbols G, C, A7, D, H7, e, a, D7, G]

We are dancing and we are dancing
We are dancing and we are dancing
We wish you are Merry Christmas
And a happy New Year.

We are jumping and we are jumping
We are jumping and we are jumping
We wish you are Merry Christmas
And a happy New Year.

We are clapping and we are clapping
We are clapping and we are clapping
We wish you are Merry Christmas
And a happy New Year.

We are greeting and we are greeting
We are greeting and we are greeting
We wish you are Merry Christmas
And a happy New Year.

Abb. 2: We wish you a Merry Christmas

WEIHNACHTEN IN ANDEREN LÄNDERN

1 Wrap the crepe paper around the toilet roll.

2 Tie one end together with a piece of wool. Drop sweets, little presents into the toilet roll.

3 Gather and tie up the other end of your cracker.

4 Draw a picture on a small piece of paper. Glue it on the outside to decorate the cracker.

What you need:
1 empty toilet roll
A-4 sheets
(crepe paper)
wool
sweets, presents

Illustration: Vieth Verlag

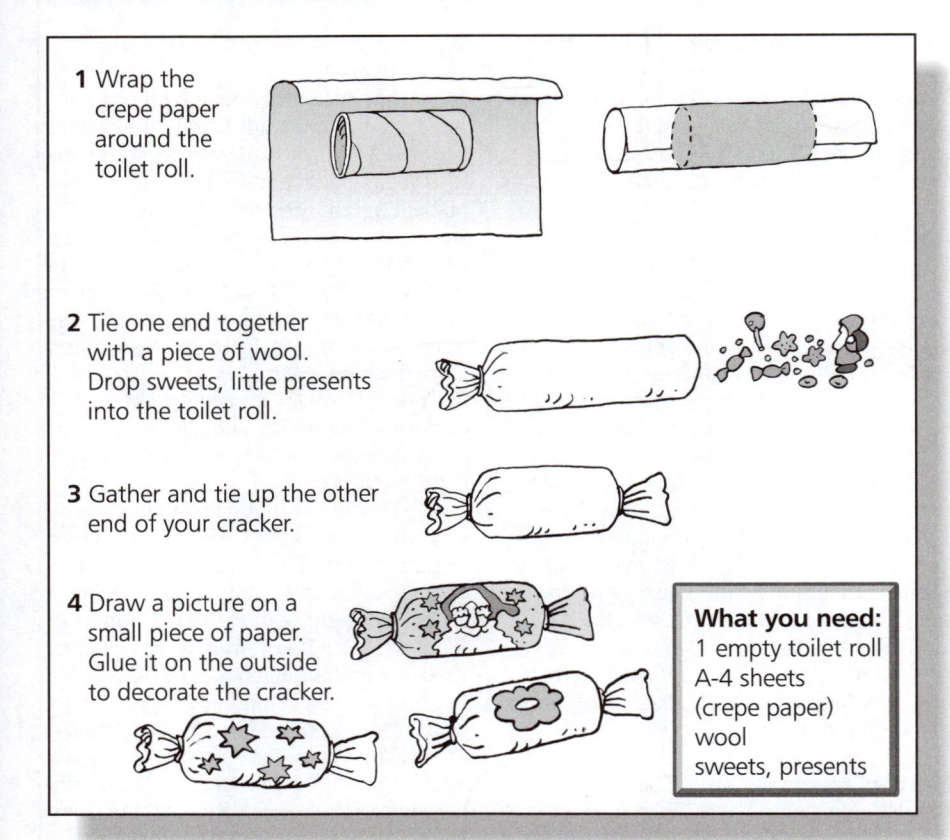

Abb. 3: Christmas Cracker

zeit ist, ist der Gegenstand dieses Reimes. Er ist gut geeignet, um das Zählen zu üben.

Die Schülerinnen und Schüler stehen in einem großen Kreis. Ein Kind steht in der Mitte des Kreises und stellt den Schneemann dar, fünf weitere Kinder tanzen um den Schneemann. Dann wird der folgende Reim aufgesagt, wobei die Kinder in der Mitte des Kreises die entsprechenden Handlungen ausführen:

A snowman stood on the snowy ground.
Five little children danced around,
One fell down on the snowy ground –
How many left to dance around? Four!

Der Reim wird auf diese Weise weiter aufgesagt, bis alle der fünf Kinder auf dem Boden liegen. Der letzte Vers geht dann wie folgt:

A snowman stood on the snowy ground.
The sun came out and it shone around.
It shone and shone and it shone all day.
The snowman melted all away.

Alle Schülerinnen und Schüler heben ihre Arme und ahmen durch eine große kreisförmige Bewegung die Sonne nach – während der Schneemann langsam zu Boden sinkt.

Christmas Dinner (Games)
Anhand von Flashcards stellt die Lehrkraft die verschiedenen Speisen vor, die zu einem traditionellen englischen Weihnachtsessen gehören. Diese können auch in Form von Naturalien präsentiert werden: ein kalter Truthahn und kleine Würstchen eingerollt in Schinkenspeck (am Vortag zubereitet), verschiedenes Gemüse, wie Blumenkohl, Karotten, Rosenkohl, Brokkoli, grüne Bohnen, Kartoffeln und ein Christmas Pudding. Nach dem mehrmaligen Hören, Vorsprechen und Nachsprechen der neuen Begriffe können sich folgende Spiele anschließen.

Mit „Look at my plate! What can you see?" fordert die Lehrkraft die Schülerinnen und Schüler auf, sich zu merken, welche Beilagen auf dem Teller sind. „Now, close your eyes! Keep them closed, please!" Der Teller wird entfernt. „Now, open your eyes again! What can you remember? What was on the plate?" Die Schülerinnen und Schüler zählen auf, was sie auf dem Teller gesehen haben. „What is missing on my plate?", ist eine Variante. Die Lehrkraft entfernt ein oder zwei Beilagen und die Kinder geben wieder, welche nicht mehr auf dem Teller sind.

Christmas Dinner tips over
Um insbesondere das Hörverstehen zu schulen, eignet sich das Spiel „Das Weihnachtsessen schwappt über". Die Lehrkraft verteilt je ein Kärtchen an die Schülerinnen und Schüler, auf denen je eine Beilage abgebildet ist. Die Kinder sitzen in einem Stuhlkreis und halten ihre Bildkärtchen sichtbar hoch. Ein Schüler übernimmt die Rolle des „It" und steht in der Mitte des Stuhlkreises. Der „It" ruft zwei Beilagen auf, wie zum Beispiel „roast turkey" und „carrots". Die Schülerinnen und Schüler, die diese Karten haben, stehen auf, tauschen ihre Sitzplätze, wobei jedoch der „It" versucht, einem der aufgerufenen Kinder zuvorzukommen und sich auf seinen Platz zu setzen. Die Person, die am Ende keinen Sitzplatz ergattert hat, ist der nächste „It". Zu jedem Zeitpunkt kann der „It": „Christmas dinner tips over" rufen, was heißt, dass alle Kinder aufstehen und mit anderen die Plätze tauschen müssen.

Christmas Cracker (Crafts)
Vom traditionellen englischen Weihnachtsessen lässt es sich leicht zur festlichen Tischdekoration überleiten: „Now we know what English Christmas is like. But before we eat the turkey, the potatoes, the carrots, the sprouts, etc. ... we sit round the table. It is a beautiful dinner table. Look, what is on the plate? It looks like a big bonbon. But it is not a bonbon. It is a cracker ..."

Die Lehrkraft könnte ein Bild einer festlich geschmückten Weihnachtstafel zeigen oder einen Tisch mit Realia für diese Aktivität präpariert haben. „What can we do with a cracker? We pull it, like this ... and it goes ‚Bang'. What is it made of? What do we need? ... Let's make a cracker ... "

Die Cracker (siehe *Abb. 3*) können als Weihnachtsgeschenk, als Tischdekoration, als table present für eine Schulweihnachtsfeier verwendet werden. Auch ein Adventskalender für eine Klasse lässt sich mit Crackers herstellen.

Die hier beschriebenen Unterrichtsbeispiele sollen Anregungen geben, einer anderen Weihnachtskultur zu begegnen und dabei zugleich die Vorfreude auf das Weihnachtsfest zu steigern. In diesem Sinne: Have fun and a very Merry Christmas to you all! ●

Literatur
Barrett, Isabelle/Harrop, Jane: 1000 Recipe Cook Book. London 1976
The Night Before Christmas. London 2000

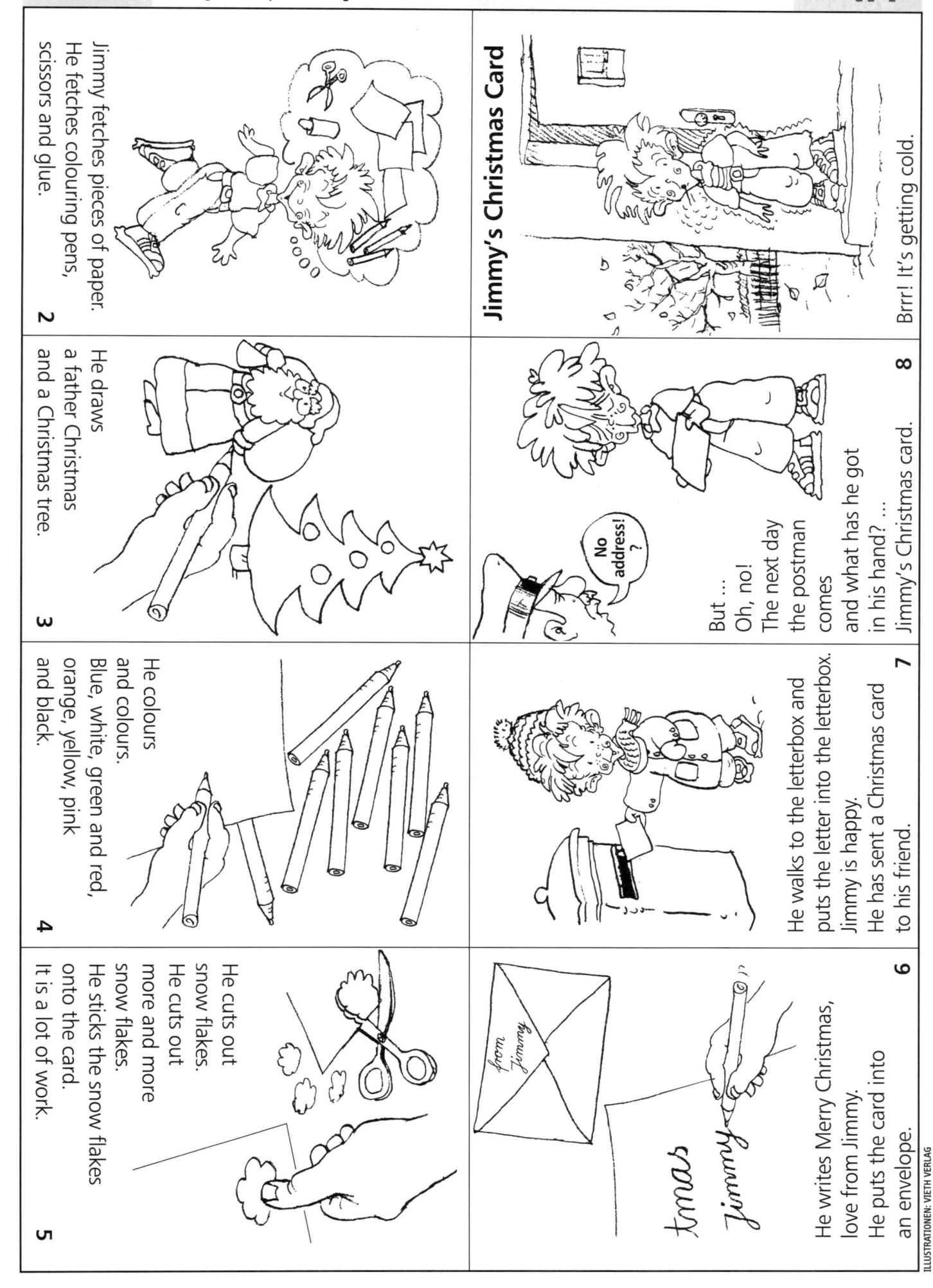

Jimmy's Christmas Card

1 Brrr! It's getting cold.

2 Jimmy fetches pieces of paper. He fetches colouring pens, scissors and glue.

3 He draws a father Christmas and a Christmas tree.

4 He colours and colours. Blue, white, green and red, orange, yellow, pink and black.

5 He cuts out snow flakes. He cuts out more and more snow flakes. He sticks the snow flakes onto the card. It is a lot of work.

6 He writes Merry Christmas, love from Jimmy. He puts the card into an envelope.

7 He walks to the letterbox and puts the letter into the letterbox. Jimmy is happy. He has sent a Christmas card to his friend.

8 But … Oh, no! The next day the postman comes and what has he got in his hand? … Jimmy's Christmas card.

No address!?

Jimmy's Christmas Card

Brrr! It's getting cold.	Jimmy fetches pieces of paper. He fetches colouring pens, scissors and glue.	He draws a father Christmas and a Christmas tree.	He colours and colours. Blue, white, green and red, orange, yellow, pink and black.
He cuts out snow flakes. He cuts out more and more snow flakes. He sticks the snow flakes onto the card. It is a lot of work.	He writes Merry Christmas, love from Jimmy. He puts the card into an envelope.	He walks to the letterbox and puts the letter into the letterbox. Jimmy is happy. He has sent a Christmas card to his friend.	But ... Oh, no! The next day the postman comes and what has he got in his hand? ... Jimmy's Christmas card.

COPY Getting into the Spirit of an English Christmas   **M 3**

Christmas Card Window

1 piece of A-4 coloured card
1 piece of green card for tree
Pieces of coloured card
for tree-decorations

1. Fold the two sides of the A-4 card to form a window
2. Cut away the panes of glass so that cou can see through the card.
3. Draw a Christmas tree, cut it out and stick it on the card
4. Draw lots of tree-decorations on coloured pieces of card, cut them out and stick them on the tree.
5. Cut out a container from another coloured piece of card, stick onto the bottom of the tree and write: Happy Christmas.

Waiting for Christmas Card

Weave ("webe") a small colourful 12 cm square with old swaps of wool, ribbon or colour magazine strips.

These square become bedspreads to cover each child's portrait (gemalt oder Foto).
Decorate the rest of the card to look like the child's bedroom.

WEIHNACHTEN IN ANDEREN LÄNDERN

Rudolph, the Red Nosed Reindeer

Gabriele Lindemer

Am letzten Schultag vor den Weihnachtsferien spielen 23 Erstklässler die Geschichte von Rudolf, dem Rentier mit der roten Nase, für über 300 Zuschauer ...

Für die Klassenstufen 3 und 4 sind in der Stundentafel der Vollen Halbtagsschule in Rheinland-Pfalz jeweils 50 Wochenminuten integrierte Fremdsprachenarbeit (IFA) vorgesehen. Die Ausweitung auf die Klassenstufen 1 und 2 steht an. Drei wesentliche Gedanken bestimmen diesen Ansatz:
- Beim Erwerb der Fremdsprache wird versucht, wesentliche Grundzüge des Muttersprachererwerbs im Kleinkindalter in der Schule zu simulieren.
- Die Persönlichkeitsentwicklung des Kindes wird auf besondere Weise gefördert.
- Die Fremdsprachenarbeit fügt sich in moderne Grundschularbeit ein.

Daraus ergibt sich ein bestimmtes Unterrichtsprofil. Die integrierte Fremdsprachenarbeit
- wird – wo immer möglich – vom Klassenlehrer durchgeführt;
- wird in der Regel in tägliche Sequenzen von ca. zehn Minuten zerlegt, die sich inhaltlich und methodisch in den gesamten Unterricht einfügen;
- verzichtet auf Leistungsmessung und damit auf Leistungsdruck;
- ist Unterricht für alle Schülerinnen und Schüler;
- ermöglicht durch Differenzierung im Anspruchsniveau individuelle Lerngänge für die Kinder;
- präferiert die Fertigkeiten Verstehen und Sprechen und vollzieht sich so vorwiegend mündlich bzw. dialogisch;
- strebt eine gemäßigte Progression an, beinhaltet aber kein Lehrgangslernen.

Beim Versuch, diesen Ansatz auf die Klassenstufen 1 und 2 zu erweitern, entstand die hier geschilderte Unterrichtseinheit „Rudolph, the red nosed reindeer". Die Schülerinnen und Schüler der Klasse 1d hatten zuvor acht Wochen lang ca. fünf Minuten täglich in der Fremdsprache gearbeitet.

Das Vorhaben sollte in der Vorweihnachtszeit fächerverbindend möglichst viele Erfahrungs- und Lernbereiche abdecken. Vier Fächer (Deutsch, Religion, Mathematik und Kunst) waren involviert, darüber hinaus konnten auch wesentliche Ziele im Bereich der Sozial-, Kommunikations- und Methodenkompetenz angesteuert werden, denn für die Schülerinnen und Schüler war das erklärte Ziel, die Geschichte bei der Schulweihnachtsfeier als Theaterstück aufzuführen. Sie mussten die Rollenverteilung diskutieren, jeder musste an seinem Platz seine Aufgabe zuverlässig erfüllen, um zum Gesamtgelingen beizutragen, und bei den Übungseinheiten war Disziplin erforderlich. Ein wesentliches Lernziel war die Erfahrung, dass intensive Arbeit auf ein Ziel hin sich lohnt.

Im Bereich des Englischen lagen dabei folgende Ziele zu Grunde:
- Verstehen einer einfachen, visuell unterstützen Geschichte,
- Anwenden des bisher Gelernten,
- Lernen der englischen Festtagsgrüße – auch in Liedform (Landeskunde),
- Erweiterung des Wortschatzes,
- Erwerb neuer Satzstrukturen.

Die zweieinhalbwöchige Einheit, in der im Gegensatz zu den bisherigen Sequenzen der englischsprachige Anteil auf ca. 15 Minuten pro Tag erhöht wurde, begann mit dem Erzählen der Geschichte (siehe S. 101). Dazu hatte ich den Text vereinfacht, allerdings so, dass er insgesamt noch über dem Sprachniveau der Schüler lag. Die Darbietung dieses Sprachbades unterstützte ich nicht nur mit Gestik und Mimik, sondern auch mit schnellen, einfachen Tafelskizzen. Unbekannter Wortschatz und neue Strukturen wurden den Kindern so verständlich.

Anhand der Tafelskizze schloss sich eine Übungsphase an, in der der neue Wortschatz im Hinblick auf Bedeutung und Aussprache gesichert wurde. Dies vollzog sich über lehrerzentriertes differenziertes Chorsprechen und schülerzentriertes Üben (siehe Kasten, links).

Eine Partnerleseübung, in der Richtig-Falsch-Aussagen zu erkennen waren (Rudolf hat eine rote Nase. Der Nikolaus wohnt am Südpol. Das Licht geht aus. Rudolf hilft dem Opa.), schlug die Brücke zum Deutschunterricht. In der anschließenden Religionsstunde wurde die Problematik der Geschichte (Ausgrenzung) im Unterrichtsge-

---

Wortschatzerarbeitung mit visueller Unterstützung durch das Tafelbild

Chorsprechen (bis zu drei Minuten)
- Phase 1: Die Lehrkraft spricht das jeweilige Wort vor und zeigt als Gedächtnisstütze für die Bedeutung auf das entsprechende Bild. Die Schülerinnen und Schüler sprechen im Chor nach. Für jedes Wort wird dieser Wechsel von Vor- und Nachsprechen einige Male zügig wiederholt.
- Phase 2: Die Lehrkraft spricht jeweils ein Wort mit unterschiedlicher Stimmmodulation vor, die Schülerinnen und Schüler sprechen genauso nach (laut, leise, fröhlich, traurig, fragend ...). Auch hierbei sollte immer auf das zugehörige Bild gezeigt werden.

Freiwilliges Einzelsprechen mit Wiederholung bekannter Strukturen
- Möglichkeit 1: Lehrkraft: Who would like to come to the board and show us the ...? Ein Schüler kommt nach vorn, zeigt das Gewünschte, sagt das Wort und setzt sich wieder.
- Möglichkeit 2: Das Kind an der Tafel stellt die nächste Aufgabe selbst (Please, show us the ...), und daraus ergibt sich eine Aufrufkette, bei der die Lehrkraft in den Hintergrund treten kann.
- Möglichkeit 3: Der Lehrkraft zeigt auf ein Bild und fragt falsch: Is it a....? Ein Kind antwortet: No, it's a .... Entweder die Lehrkraft oder das Kind führt die Behauptungsreihe weiter.
- Möglichkeit 4: Die Lehrkraft denkt an eines der Bilder an der Tafel. Die Schülerinnen und Schüler können insgesamt fünf Fragen stellen „Is it the ...?". Das Kind, der das Wort erraten hat, übernimmt als nächstes die Moderationsrolle.

spräch thematisiert und in kleinen Rollenspielen auf andere Situationen übertragen.

Schritt für Schritt zur Aufführung

Die Frage, ob wir aus der Geschichte ein Theaterstück für die Schulweihnachtsfeier machen wollten, wurde von den Kindern begeistert aufgenommen, und im gemeinsamen Gespräch klärten wir organisatorische Dinge wie die Anzahl der Rollen, denn jedes Kind sollte ja beteiligt sein.

Nach diesen Vorgaben wurde das Skript entworfen (siehe Kasten, rechts). Die Geschichte an sich erzählte ich, da die Textfülle von den Schülerinnen und Schülern in diesem Stadium noch nicht bewältigt werden konnte. Für jede Schülerin und jeden Schüler wurde ein Sprechanteil eingebaut, wobei ich darauf achtete, sowohl Solosätze als auch Chorsprechen zu ermöglichen und auf unterschiedlichem Anspruchsniveau zu formulieren. Santa Claus und Rudolph hatten jeweils mehrere Sätze zu sagen.

Wir waren übereingekommen, die Rollen erst nach einer allgemeinen Übungszeit zu vergeben. Deshalb stand der Rest der Woche im Zeichen des Wiederholens und Vertiefens. Anstelle der üblichen Vorleserunde im morgendlichen Planungskreis wurden die Textanteile schon mit ersten verständnisstützenden Gesten durchgeprobt, wobei alle Schülerinnen und Schüler alle Rollen sprachen. Am Ende dieser intensiven Phase war der Ablauf des Stückes für alle klar. Die Kinder selbst verteilten nun die Rollen. Es zeigte sich, dass die Schülerinnen und Schüler selbst schon gut einschätzten, was sie sich zutrauen konnten.

Bei mehreren Bewerbern für eine Rolle wurde ein regelrechtes Casting veranstaltet. Die Auswahldiskussionen führten die Kinder sehr sachlich, sodass kein Streit entstand. Außerdem war von Anfang an klar, dass jede Rolle wichtig und unverzichtbar für unser Stück sei.

Das tägliche Üben zog sich als Extrapunkt im Tagesplan nun auch durch die zweite Woche, wobei hier die Fremdsprachenarbeit nicht mehr im Mittelpunkt stand. Parallel dazu wurden an zwei Tagen im Kunstunterricht die nötigen Requisiten gebastelt (Rentiergeweihe, Schilder).

Der sprachliche Schwerpunkt der zweiten Woche lag in der Erarbeitung der Weihnachts- und Neujahrsgrüße. Nachdem das Lied „We wish you a Merry Christmas" (siehe S. 93) im Begrüßungskreis eingeführt worden war, nahmen wir es in unser tägliches Adventssingen auf. Außerdem fügten wir die Übungsform „milling", bei der die Teilnehmer herumgehen und sich gegenseitig entsprechend einem Auftrag in kurzen Sätzen unterhalten, als Spiel zu den Grüßen ein.

In dieser Woche hatten wir mit den Eltern ein Adventszusammensein vereinbart. Das war die Gelegenheit für die große Generalprobe. Am folgenden Tag war Probenpause. Trotzdem blieben wir innerhalb des thematischen Rahmens. Ein kleiner deutscher Text „Rudi" diente als Lese- und Abschreibübung. Außerdem gestalteten die Kinder ihn als Schmuckblatt.

Bei den Proben am folgenden Montag und Dienstag wurden Kleinigkeiten beim Ein- und Ausmarsch verbessert und noch einmal die Aufmerksamkeit besonders auf Lautstärke und Deutlichkeit des Sprechens gelenkt.

Nebenbei nutzten wir aber auch die Gelegenheit, unser Sprachmaterial in den Mathematikunterricht zu integrieren. Zu Beginn jedes Matheblocks gab es eine Kopfrechenphase, die mit kleinen Rechengeschichten abschloss. Reines Zahlenrechnen mit den englischen Bezeichnungen gehörte inzwischen zum festen Repertoire, aber nun bot sich die Situation des Geschenke einpackenden Nikolaus auch für die Rechengeschichten an. Ich begann:

Santa Claus is doing all his presents. He's putting two puzzles and three dolls into the box.

Die Schüler rechneten wie gewohnt und antworteten: „five". Da ich bei den Rechengeschichten immer auf eine vollständige Antwort bestehe, fragte ich nach: „What five?" Die Antwort lautete: „Five Spielsachen hat er im Karton". Nach zwei weiteren Aufgaben waren dann wie üblich die Kinder an der Reihe mit dem Erfinden von Geschichten, und ich dachte, dass es jetzt auf Deutsch weiterginge. Aber *Sophie* kam nach vorne und formulierte folgende Aufgabe:

Santa Claus packt Geschenke in die box. Er tut rein two planes and two books and one ball.

Die anderen Schülerinnen und Schüler stutzten, griffen die Idee aber sofort auf und an diesem Tag lösten wir nur „englische" Rechengeschichten.

Das Durchmischen von deutschen und englischen Satzelementen mag auf den ersten Blick seltsam wirken, aber es verdeutlicht die Priorität der Kommunikation: Beherrschte Wörter und Strukturen werden selbstverständlich benutzt, der Rest wird muttersprachlich aufgefüllt.

Die geschilderte Einheit zeigt, dass es nicht schwierig ist, Fremdsprachenarbeit in projektorientierte Phasen des Unterrichts – auch schon im ersten Schuljahr – zu integrieren. Sie macht aber anhand der fachorientierten Beispiele aus dem Deutsch-, Mathematik- und Religionsunterricht ebenfalls deutlich, dass es möglich ist, Fremdsprache und andere Unterrichtsinhalte mit einer integrativen Brücke zu einem Ganzen zu verknüpfen, das in seiner Gesamtheit mehr bedeutet als die Summe der einzelnen Bestandteile.

Der Auftritt auf der Schulweihnachtsfeier vor großem Publikum war übrigens ein voller Erfolg ...

Skript des Stückes

Lehrer (seitlich im Hintergrund): Here is Santa Claus.
Schüler (in zwei hintereinander gestellten Halbkreisen, vorne die Rentiere mit Santa Claus und den Schilderkindern, hinten die Geschenkekinder)
Kind (mit Nikolausmütze, tritt vor, verbeugt sich): Hello, boys and girls.
Lehrer: Here is Santa Claus. He lives in a house at the north-pole.
Zwei Kinder (zeigen Schilder hoch mit Haus und Weltkarte, alle drei treten zur Seite)
Lehrer: Santa Claus has got ten reindeer. Here are the reindeer.
Rentiere (zehn Kinder mit Rentiergeweihen treten vor in einen Halbkreis: Hello, boys and girls. (Die Kinder zählen durch bis 10, winken dabei und verbeugen sich)
Lehrer: Here is another reindeer.
Rudolph (Kind mit roter Nase tritt vor den Halbkreis): Hello, my name is Rudolph.
Lehrer: Rudolph has got a big red nose.
Rudolph (zeigt auf seine rote Nase)
Lehrer: The other reindeer laugh at Rudolph.
Rentiere (lachen hämisch, zeigen mit dem Finger, rufen): A big red nose! Go away! (Sie bilden eine feste Gruppe, die immer wieder zu Rudolph schaut, mit den Fingern zeigt und lacht.)
Lehrer: Rudolph is not happy.
Rudolph: I'm not happy. I'm so alone! (Alle treten in den Hintergrund)
Lehrer: It is five days before Christmas.
Santa (kommt mit einem großen Karton und wischt sich die Stirn)
Lehrer: Santa Claus is doing all the presents.
Santa: O, a lot of work!
Kinder (kommen der Reihe nach und geben Santa Spielsachen (doll, puzzle, model plane, teddy bear, model car, book, ball, cassette, music CD, game of ludo, recorder). Sie halten ihren Gegenstand jeweils hoch, benennen ihn laut: Here is ..., I've got ..., Look, a... und geben ihn Santa.
Santa: Thank you! (legt den jeweiligen Gegenstand in den Karton.)
Lehrer: Suddenly the lights go out.
Kind (macht das Licht aus)
Alle: Oh!
Santa (tut so, als würde er im Dunkeln umhertasten, ruft): Help! It's dark!
Lehrer: Here comes Rudolph. He helps Santa Claus.
Rudolph: I help you. (Die Nase blinkt jetzt rot)
Alle: Ah, a light!
Lehrer: Santa Claus is happy.
Santa: Thank you, Rudolph!
Lehrer: The reindeer are happy.
Rentiere: Fine, Rudolph! (Einige klopfen Rudolph anerkennend auf die Schulter.)
Lehrer: Rudolph is happy.
Rudolph: Now I'm happy!
Alle (verbeugen sich und singen „We wish you a Merry Christmas", nach dem ersten Mal zum Publikum: And now you!, dann zweites Singen)

Rudolph, the red nosed reindeer

Today I'm going to tell you a story.
It's the story of Rudolph, the red nosed reindeer.
Look, here is Rudolph.
Rudolph is a reindeer.
Rudolph has got a big, red, shiny nose.

Rudolph lives
at the north-pole

together with other reindeer and Santa Claus.

The reindeer pull
Santa's sleigh on Christmas.

Long time ago, Rudolph was very unhappy,
because the other reindeer laughed at him.
They didn't like his big, red, shiny nose.
Rudolph was so alone.
The other reindeer didn't want him
to play with them.
They always said "Go away! We don't like you.
We don't like your big, red, shiny nose.
Go away!" Rudolph was not happy,
he was so alone.

Rudolph, the Red Nosed Reindeer

Three days before Christmas
Santa Claus was doing all the presents.
He had a lot of work to do.
He had to put all the presents into boxes.

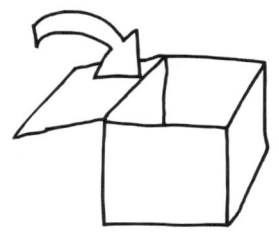

Look, here are some presents:
a doll, a teddy bear, a game of ludo,
a model car, a ball.

Santa Claus worked real hard.
He worked the whole day long,
he worked during the night.
And still there was a lot of work to do.
But – suddenly – the lights went out.
It was dark, so dark.
Santa Claus couldn't see his own hand in front of his eyes.

"O my God", he said.
"There is no light anymore.
It's so dark.
But I must finish my work.
I must put all the presents into the boxes.
What now? I can't see anything.
The children want to have
their presents on Christmas.
What can I do?"
Santa Claus was not happy.
But then, there suddenly was a light
outside the window, a red, shiny light …
Yes, it was Rudolph.
Rudolph with the big, red, shiny nose.
Santa Claus was happy:
"A light! O Rudolph, you can help me.
Thank goodness for your big, red, shiny nose.
Now I can finish my work.
Now the children will get their presents on Christmas."
The other reindeer said:
"Thank goodness for your big, red, shiny nose, Rudolph.
Now Santa Claus can finish his work.
Now all the children will get
their presents on Christmas.
That's really great, Rudolph. Let's be friends!"
Rudolph was happy. He wasn't alone anymore.
He had friends now.

WEIHNACHTEN IN ANDEREN LÄNDERN

Ein brasilianisches Weihnachtslied

Rainer Schmitt

Es muss nicht immer „Oh, du fröhliche" oder „Alle Jahre wieder" sein. Beim Einüben von Weihnachtsliedern lohnt es sich, auch mal über den Tellerrand zu schauen – zum Beispiel nach Brasilien.

Zahlreiche Liederbücher der letzten Jahre enthalten im Zusammenhang mit der Forderung nach einer interkulturell ausgerichteten Pädagogik in immer größerem Umfang auch Lieder aus anderen Ländern, oft mit Kommentaren zum gesellschaftlichen und kulturellen Hintergrund. Unter diesen Liedern befinden sich auch zahlreiche Weihnachtslieder, sodass in dieser Hinsicht ein Zugriff auf „Neues" bei adventlichen und weihnachtlichen Liedern in der Grundschule kein Problem mehr darstellt.

An dem auf S. 103 abgedruckten Weihnachtslied aus Brasilien lässt sich beispielhaft zeigen, worauf es beim Singen fremdländischer Lieder in der Grundschule ankommt.

Zunächst muss bei der Auswahl berücksichtigt werden, dass die Melodie des Liedes nicht zu lang und durch Wiederholung von melodischen und rhythmischen Strukturen leicht einprägsam ist. Denn längere Liedmelodien enthalten in der Regel nicht nur kompliziertere melodische Wendungen, sondern auch umfangreiche Texte. Geradezu ideal sind Lieder mit Refrain, denn diesen kann man dann in der fremden Sprache singen und die einzelnen Strophen in einer singbaren deutschen Übertragung belassen. Nicht immer sind Übersetzungen in Liederbüchern auch auf die Melodie übertragbar. Wo dies nicht der Fall ist, sollte die Lehrerin bzw. der Lehrer umdichten, bis Silbenzahl und Betonungen zur Melodie passen. Dabei darf der Text inhaltlich durchaus leicht verändert werden, sofern dadurch die Grundaussage des Liedes nicht verfälscht wird. In der Mischung von fremder und deutscher Sprache scheint für die Grundschule bei der Vermittlung fremdländischen Liedgutes ein idealer Weg zu liegen, denn ein Lied bekommt gerade erst durch die andere Sprache den Reiz des Fremden und Andersartigen.

Ein weiterer Aspekt beim Umgang mit Liedern aus anderen Ländern ist der kulturelle Hintergrund, ohne den Gestalt und Inhalt mancher Lieder nicht verstanden werden können. Nach der Auswahl eines geeigneten Liedes ist dies wohl der zweite wichtige Schritt bei der Vorbereitung des Unterrichts. Unser Weihnachtslied aus Brasilien z. B. ist mit seiner heiter wirkenden Melodik von ganz anderer Art als die eher besinnlichen Weihnachtslieder unseres Kulturkreises. Wie es in Brasilien aussieht und wie dort Weihnachten gefeiert wird, können die Schülerinnen und Schüler anhand von Reiseprospekten, Sach- und Kinderbüchern o. Ä. gut selbst recherchieren. Einen Einblick gibt das Arbeitsblatt auf S. 104.

Der dritte Schritt bei der Vorbereitung sind Überlegungen zur Einstudierung und Gestaltung des Liedes. Beim vorliegenden brasilianischen Lied könnten z. B. zunächst auf einer Blockflöte einzelne Zeilenpaare der Melodie in ungeordneter Folge vorgespielt und auf Singsilben (ding, dong, plim, plom o. Ä.) nachgesungen werden, allerdings sofort im schnellen Tempo. Sind die einzelnen Zeilen oder Zeilenpaare erfasst, wird die Liedmelodie auf Deutsch, dann mit dem portugiesischen Text gesungen.

Die angegebene Instrumentalbegleitung ist ein Gestaltungsvorschlag, sie kann je nach Fähigkeit der Klasse auch ganz anders durchgeführt werden. Wichtig erscheint mir eine weitgehende Beschränkung und Anpassung der Instrumente an den südamerikanischen Kulturraum. Insofern macht es Sinn, Schüttelrohr, Bongos und Schellenring einzusetzen.

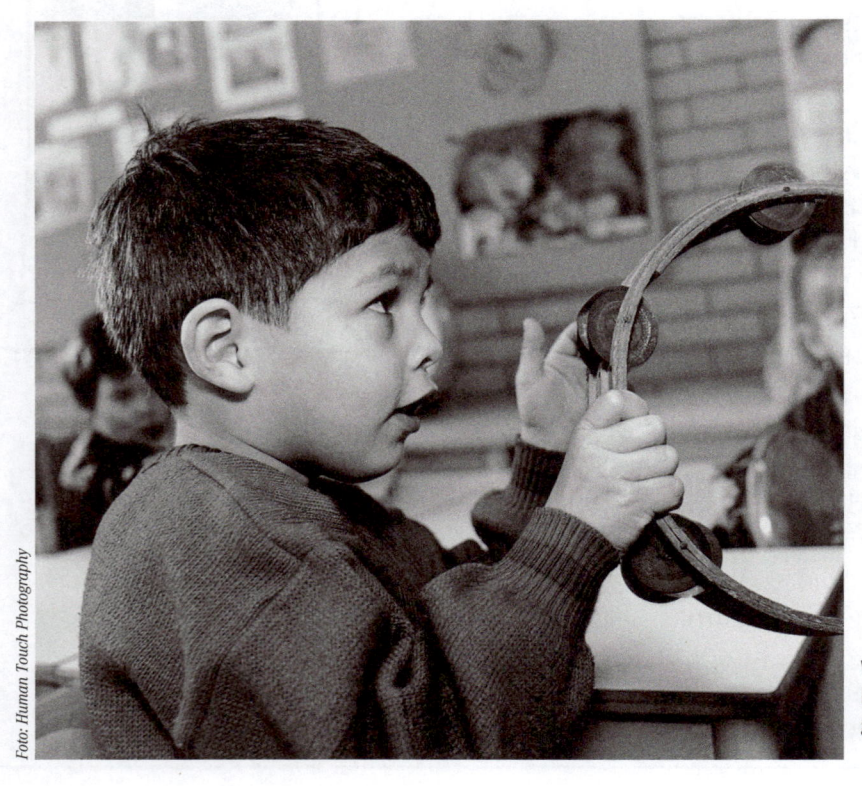

Wie kann man sich einem fremden Land besser nähern als durch gemeinsames Musizieren?

Ein Weihnachtslied aus Brasilien

Musik und Text: trad. Süd-Brasilien
Satz und dt. Fassung: R. Schmitt

Na - ceu, na - ceu, mí - ní - nos,
Wir wol - len uns be - ei - len

Je - sus o maís for - mo - so,
und durch die Stra - ßen zie - hen,

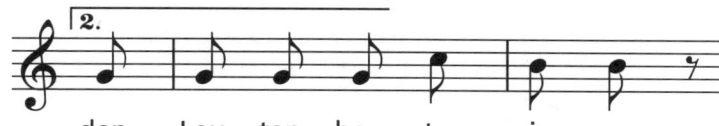

1.
nos va - mos pres - su - ro - sos
a e - le - a - do - rar.

2.
den Leu - ten heu - te sin - gen:

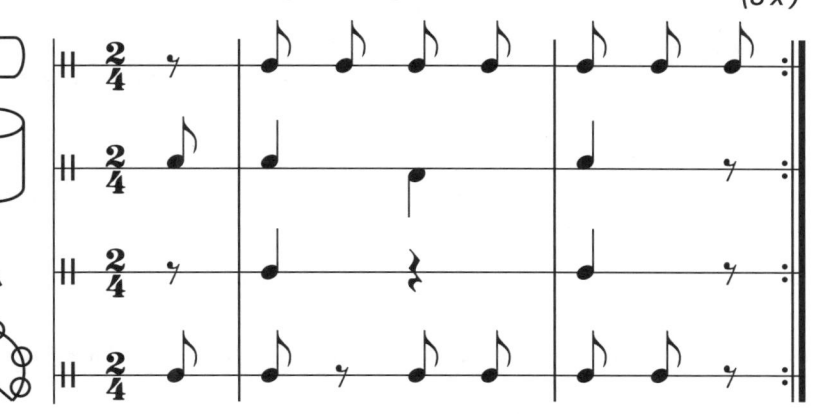

Ge - bo - ren ist ein Kind!

Instrumentalbegleitung zum Lied

(8 x)

(4 x mit jeweils 2 Takten Pause)

COPY — Ein brasilianisches Weihnachtslied — **M 2**

Weihnachten, wo es heiß ist

Wenn wir Weihnachten feiern,
sind die Tage kurz und die Nächte lang.
Oft liegt auch Schnee
und das Thermometer
zeigt schon die Kälte des Winters an.
Daher freuen wir uns in Deutschland
darauf, dieses Fest zusammen
mit unserer Familien und Verwandten
bei Kerzenschein und leckerem Gebäck
in der warmen Wohnung
erleben zu können.

Ganz anders aber feiern die Kinder
in Brasilien Weihnachten.
Davon berichtet ein wenig unser Lied.

Die Kinder ziehen durch die Straßen
und singen den Leuten Lieder vor,
für die sie meistens Geschenke oder
Geld bekommen.
Viele zünden auch Knallfrösche an oder
erfreuen sich an einem Feuerwerk.
Einen Christbaum stellen nur wenige
europäische Einwanderer auf.
Diese legen dann ihre Kerzen vor dem Fest
in den Kühlschrank, damit
das Wachs nicht weich und krumm wird.

Warum ist in Brasilien das Weihnachtsfest
ganz anders als bei uns?

Brasilien liegt in einem anderen Erdteil,
nämlich in Südamerika.
Findet ihr das Land im Atlas,
auf dem Globus oder auf einer Weltkarte?

Brasilien hat zwar ungefähr so viele
Einwohner wie Deutschland,
ist aber fast 24 mal so groß.
Ende Dezember herrscht in Südamerika
Hochsommer.
Die Kinder spielen auf den Straßen,
gehen baden oder machen einfach das,
was Kinder hier in Europa
im Sommer auch gerne tun.

Und mitten in diesem Sommer,
bei Hitze und Sonnenschein,
findet in Südamerika
das Weihnachtsfest statt.

Da könnt ihr euch denken,
dass die Kinder nicht gerne zu Hause
in der Wohnung bleiben wollen.

Die Weihnachtslieder
der brasilianischen Kinder
sind entsprechend lustig und heiter.
Daher solltet ihr das Lied „Naceu, naceu"
nicht zu langsam singen.
Der portugiesische Text ist nicht schwer
und heißt übersetzt:

Er ist geboren, er ist geboren, Kinder,
Jesus der Schönste.
Lasst uns eilen,
ihn anzubeten.

Die Instrumentalbegleitung mit
☆ Schüttelrohr,
☆ Bongas,
☆ Triangel,
☆ Schellenring und
☆ Stabspiel
könnt ihr auch für das Vor- und Nachspiel
verwenden.

**Habt ihr noch andere Instrumente,
die ihr einsetzen könnt?**

**Fallen euch noch andere Rhythmen zum
Begleiten ein?**

**Erfindet noch weitere Strophen,
die zur brasilianischen Weihnacht passen.**

ADVENTSKONZERT, KRIPPENSPIEL UND THEATER

Der kleine Stern

Bettina Maria Kreuzer   Eine Weihnachtskantate

Für das Adventskonzert unserer Grundschule sollte die Musik-AG (bestehend aus etwa 20 Kindern aus dritten und vierten Klassen) einen Beitrag bringen. Ausgangsmaterial war das Bilderbuch „Der kleine Stern".[1]

Das Konzept ist einfach: Die wunderschönen Bilder und die ansprechende Geschichte ergänzte ich durch traditionelle Weihnachtslieder. Im Beiheftchen zur Diareihe werden zwar auch Vorschläge für musikalische Zwischenrufe gemacht, aber ich wollte lieber solche Lieder einbauen, die auch außerhalb dieses Stückes einen Wert haben und in den Liederkanon der Grundschule gehören. Ein positiver Nebeneffekt war, dass ich so teilweise auf Vorkenntnisse der Kinder aufbauen konnte und nicht alles neu einstudieren musste. Die Auswahl der Lieder erfolgte nach inhaltlichen Aspekten. In unserer Aufführung wurden gesungen:

Lied A: Was soll das bedeuten (s. Seite 106)
Lied B: Vom Himmel hoch … (Text und Musik: *Martin Luther*)
Lied C: Komm, wir geh'n nach Bethlehem (s. Seite 106)
Lied D: Stern über Bethlehem (Text und Musik: *Alfred H. Zoller*)[2]

---

1. Bild: Sterne am Himmel
★ Lied A, 1. Strophe, gemeinsam
★ Text: Es war einmal in einer Nacht, da geschah etwas ganz Besonderes: Die Sterne strahlten plötzlich ganz hell und begannen zu singen. Sie sangen: Das Christkind ist geboren in einem Stall in Betlehem, wir wollen allen diese frohe Botschaft verkünden.

2. Bild: Schaf und Stern
★ Text: Ein Schaf hört, wie ein großer Stern die frohe Botschaft singt.
★ Lied B, 1. Strophe, solo
★ Text: Wie im Traum folgt es dem Stern. Das Schaf merkt nicht, dass in seiner Nähe auch ein kleiner Stern ganz leise die frohe Botschaft singt.

3. Bild: Hahn und Stern
★ Lied B, 2. Strophe, solo
★ Text: Ein Hahn vernimmt die frohe Kunde von einem strahlenden Stern. Mit fröhlichem Krähen folgt er ihm. Auch der Hahn bemerkt den kleinen Stern nicht.

4. Bild: Stier und Stern
★ Text: Dem Stier singt ein prächtiger Stern die frohe Botschaft:
★ Lied B, 3. Strophe, solo
★ Text: Mit kräftigen Schritten stapft er dem Stern nach. Auch der Stier sieht den kleinen Stern nicht.

5. Bild: Esel und Stern
★ Lied B, 4. Strophe, solo
★ Text: Ein Esel hört einen hellen Stern von der guten Nachricht singen. Voller Freude geht er hinter ihm her. Aber den kleinen Stern erkennt auch der Esel nicht.

6. Bild: Alle Tiere auf dem Weg
★ Text: Das Schaf, der Hahn, der Stier und der Esel, sie wandern alle hinter den Sternen her bis zu dem Stall, in dem das Christkind geboren wurde.
★ Lied C, 1. Strophe, gemeinsam
★ Text: Nur der kleine Stern kann ihnen nicht so schnell folgen.

7. Bild: Blume und kleiner Stern
★ Text: Da wird der kleine Stern traurig, denn er will auch den Weg zum Christkind weisen wie die anderen Sterne. Auf einmal hört er eine leise Stimme. Eine kleine Blume sagt zu ihm: Bitte lieber Stern, nimm meinen Duft und mein Leuchten mit zu dem Christuskind.

8. Bild: Kleiner Stern eilt
★ Text: Nun eilt der kleine Stern zum Stall, um dem Christkind das Leuchten und den Duft der kleinen Blume zu bringen.
★ Musik: Marsch von *Georg Friedrich Händel* (zwei Blockflöten)

9. Bild: Tiere an der Krippe
★ Text: Im Stall stehen schon die Tiere: das Schaf, der Hahn, der Esel und der Stier. Sie schauen das neugeborene Christuskind an und freuen sich.
★ Lied A, 3. Strophe, gemeinsam

10. Bild: Der Stern an der Krippe
★ Text: Als der kleine Stern in den Stall kam und dem Christuskind das Leuchten und den Duft der kleinen Blume brachte, da lächelte das Christkind. Es wurde heller und heller im Stall und auf der ganzen Erde.
★ Lied D gemeinsam

Da wir einen sehr guten Flötenspieler in der Gruppe hatten, baute ich eine instrumentale Nummer ein. Zur Musik der CD spielten wir im Duett den Marsch aus dem Oratorium „Judas Maccabäus" von *Georg Friedrich Händel*. Musikalisch passte dieses Stück sehr gut, wäre aber durchaus auch durch ein anderes Stück (entweder original musiziert oder von CD eingespielt) zu ersetzen. Möglich wäre z. B. die „Pifa" aus dem „Messisas". Die Kantate endet bereits mit dem vorletzten Bild, in dem der kleine Stern beim Kind an der Krippe ist. Ich empfand die Geschichte so als abgeschlossen und verzichtete deshalb auf die Christrose.

Die Aufführung

Jedes Kind bekam einen Textabschnitt zum Vorlesen. Einige Liedstrophen wurden solistisch oder zu zweit vorgetragen, andere von der ganzen Gruppe. Die Kinder wurden von mir am Klavier begleitet.
Für die Aufführung wurde die Aula verdunkelt und die Diaprojektor-Anlage aufgebaut. Die Kinder befanden sich auf der Bühne und traten nacheinander an das Mikrofon. Unsere Aufführung bildete den Schluss des Konzertes. Sie dauerte etwa 15 Minuten und war ein großer Erfolg. Die ausdrucksvollen Bilder in Verbindung mit Text und Musik sowie dem stimmungsvollen äußeren Rahmen erzeugten eine festliche Atmosphäre. Ich hatte den Eindruck, dass sowohl die kleinen als auch die großen Zuschauer gerührt waren. Die hier vorgestellte Fassung ist nur eine Möglichkeit des Vortrages. Es können auch andere oder noch weitere Lieder und Stücke eingebaut werden. ●

---

[1] *Kasuya, Masahiro*: Der kleine Stern. Friedrich Wittig Verlag, Kiel 2015.
[2] Die Lieder *Martin Luthers* und *Alfred Hans Zollers* finden Sie in aktuellen Kirchen-Gesangsbüchern.

Der kleine Stern

Was soll das bedeuten

aus Schlesien

1. Was soll das bedeuten, es taget ja schon.
   Ich weiß wohl, es geht erst um Mitternacht rum.
   Schaut nur daher, schaut nur daher! Wie glänzen die Sternlein je länger je mehr.

2. Treibt zusammen, treibt zusammen die Schäflein fürbass!
   Treibt zusammen, treibt zusammen, dort zeig ich euch was,
   dort in dem Stall, dort in dem Stall
   werd't Wunderdinge sehen, treibt zusammen einmal.

3. Ich hab nur ein wenig von weitem geguckt,
   da hat mir mein Herz schon vor Freude gehupft,
   ein schönes Kind, ein schönes Kind
   liegt dort in der Krippe bei Esel und Rind.

Komm, wir gehn nach Bethlehem

aus Böhmen

1. Komm, wir gehn nach Bethlehem, di-del-du-del di-del-du-del di-del-du-del-dei! 1.–5. Jesulein, Herre mein, wiegen wolln wir dich gar fein.

2. Hansel, blas die Flöte du, …

3. Seppl, spiel den Dudelsack, …

4. Und du, Görgel, streich die Fiedel, …

5. Christoph, lass den Bass erklingen, …

ANDREA NIESWANDT
Ein musikalisches Krippenspiel

Eine Geschichte fast ohne Worte erzählen können – das Schauspiel der Geburt „Jesus" einmal anders inszeniert. Der Schwerpunkt bei dem Krippenspiel liegt auf der musikalischen Umsetzung. Nicht die Dialoge der Figuren, sondern der Einsatz von Gesang und Instrumenten ist entscheidend.

Aufführungshinweise

Während des ganzen Krippenspiels agieren die „Schauspieler" nur pantomimisch. Lediglich der Engel tritt auch als Gesangssolist auf. Mit wenig Verkleidung, einfachen Kulissen und durch den schlichten, einstimmigen Chorgesang lässt sich ein wirkungsvolles Krippenspiel aufführen.

Ablauf

Erzähler:
Vor über 2000 Jahren lebte in dem Land Israel, in der kleinen Stadt Nazareth, eine junge Frau namens Maria. Sie war mit Josef, einem Zimmermann, verlobt. Eines Tages hörte Maria die Stimme eines Engels, der sagte: „Gott hat dich auserwählt. Du wirst ein Kind zur Welt bringen. Du sollst deinem Kind den Namen Jesus geben. Dieses Kind wird ein mächtiger Mann werden, der allen Menschen helfen wird. Durch Jesus werden die Menschen froh. Maria antwortete: „Das ist doch gar nicht möglich." Aber der Engel sprach: „Bei Gott ist nichts unmöglich!"

Damals wollte der römische Kaiser Augustus wissen, wie viele Menschen in seinem Reich lebten. So ließ er zu Volkszählungen aufrufen. Jeder musste in die Stadt reisen, wo er geboren wurde. Dort sollte er sich eintragen lassen. Der Zimmermann Josef war in Bethlehem geboren. So machte er sich mit Maria auf den weiten Weg dorthin.

Chor: 1. Lied
Maria und Josef sind unterwegs von Nazareth nach Bethlehem. Der Weg ist weit, die Beine sind müd, Maria erwartet ein Kind. Es ist schon spät, sie können nicht mehr, wo solln sie nur heut Nacht hin?

Chor: 2. Lied
Sie gehen von Haus zu Haus, doch niemand schaut heraus. Sie klopfen an Tür und Tor, doch keiner kommt hervor.

Chor: 3. Lied
1.: Ein Mann, der alles beobachtet hat, kommt auf sie zu, denn er weiß einen Rat. Ein leerer Stall ist der einzige Platz, den er noch weiß in dieser Stadt.
2.: Maria und Josef die freuen sich sehr, denn draußen ist es kalt und sie können nicht mehr.
Im Stall machen sie sich ein Bett aus Stroh, ruhen sich aus und warten froh.

Chor: 4. Lied
Mitten in der Nacht hat Maria das Kind zur Welt gebracht. Über dem Stall leuchtet der Stern und verkündet die Ankunft des Herrn!

Erzähler:
Nicht weit davon entfernt sind in dieser Nacht auch Hirten auf dem Feld bei ihren Herden.

Chor: 5. Lied
Auf dem Felde bei ihren Schafen liegen Hirten da und schlafen.

Engel und Chor: 6. Lied
Engel: Wacht auf ihr Hirten! Hört auf zu schlafen! Heut Nacht ist ein Wunder geschehn!
Chor: In einem Stall, ihr glaubt es kaum, ist Jesus geboren!
Engel: Steht auf, ihr Hirten und folget dem Stern, das Kind anzusehen!
Chor: In einem Stall in Bethlehem werdet ihr ihn finden!

Erzähler:
Doch dann ist der Engel wieder fort. Aufgeregt sprechen die Hirten miteinander und beschließen, nach Bethlehem zu gehen.

Chor: 7. Lied
1. Laufen wir schnell nach Bethlehem, so wie es der Engel gesagt. Laufen wir schnell nach Bethlehem, dort wurde die Nacht zum Tag!
2. Laufen wir schnell nach Bethlehem, wir wollen das Jesuskind sehn. Laufen wir schnell nach Bethlehem, denn dort ist das Wunder geschehn.
3. Laufen wir schnell nach Bethlehem, der Stern bleibt nun stehn. Laufen wir schnell nach Bethlehem, wir können den Stall schon sehn.

Erzähler:
Sie finden den Stall und sehen Maria und Josef. In der Krippe liegt das Kind, genau wie es ihnen der Engel gesagt hatte. Da freuen sich die Hirten sehr! Sie beten zu Gott und loben ihn mit lauter Stimme.

Chor: 8. Lied
Halleluja, Jesus ist geboren. Halleluja, Gottes Sohn ist da! Halleluja, Jesus ist geboren und Weinachten ist da!

Andrea Nieswandt ist Lehrerin im Rhein-Erft-Kreis.

Ein musikalisches Krippenspiel

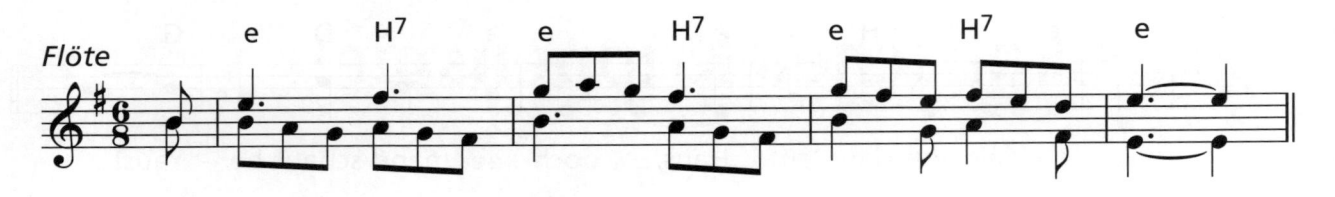

M 1

Flöte

Chor

Ma - ri - a und Jo - sef sind un - ter - wegs von Na - za - reth nach Beth - le - hem.

Der Weg war weit, die bei - den sind müd, Ma - ri - a er - war - tet ein Kind.

Es ist schon spät, sie kön - nen nicht mehr, wo solln sie nur heut Nacht hin,

es ist schon spät, sie kön - nen nicht mehr, wo solln sie nur heut Nacht hin,

Klavier

(hin.)

Ein musikalisches Krippenspiel

Chor

Sie gehen von Haus zu Haus, doch niemand schaut heraus!
Sie klopfen x x an Tür und Tor, doch keiner kommt hervor.

Klavier

Flöte

1. Ein Mann, der das alles beobachtet hat,
kommt auf sie zu, denn er weiß einen Rat.
Ein leerer Stall ist der einzige Platz,
den er noch weiß in dieser Stadt!

Zwischenspiel: *Flöte*

2. Maria und Joseph, die freuen sich sehr,
denn draußen ist es kalt und sie können nicht mehr.
Im Stall machen sie sich ein Bett aus Stroh,
ziehen sich aus und warten froh.

Ein musikalisches Krippenspiel

M 3

Mit-ten in die-ser kal-ten Nacht hat Ma-ri-a das Kind zur Welt ge-bracht.

Ü-ber dem Stall leuch-tet der Stern und ver-kün-det die An-kunft des Herrn! Ü-ber dem Stall leuch-tet der Stern und ver-kün-det die An-kunft des Herrn!

Ein musikalisches Krippenspiel

M 4

Flöte

Chor

Auf dem Fel – de bei ih-ren Scha – fen

lie – gen Hir – ten da und schla – fen.

Nachspiel: *Flöte*

Ein musikalisches Krippenspiel

Engel: Wacht auf, ihr Hirten! Hört auf zu schlafen! Heut Nacht ist ein Wunder geschehn! *Alle:* In einem Stall, ihr glaubt es kaum, ist Jesus geboren!

Engel: Steht auf, ihr Hirten und folget dem Stern; das Kind anzusehen! *Alle:* In einem Stall in Bethlehem, werdet ihr ihn finden!

Ein musikalisches Krippenspiel

Flöte

Chor

1. Lau-fen wir schnell nach Beth-le-hem, so wie es der En-gel ge-sagt.
Lau-fen wir schnell nach Beth-le-hem, dort wur-de die Nacht zum Tag.

2. Laufen wir schnell nach Bethlehem, wir wollen das Jesuskind sehn.
   Laufen wir schnell nach Bethlehem, denn dort ist das Wunder geschehn.

3. Laufen wir schnell nach Bethlehem, der Stern bleibt nun stehn.
   Laufen wir schnell nach Bethlehem, wir können den Stall schon sehn.

vorher: frei improvisiertes kurzes *Klaviervorspiel*

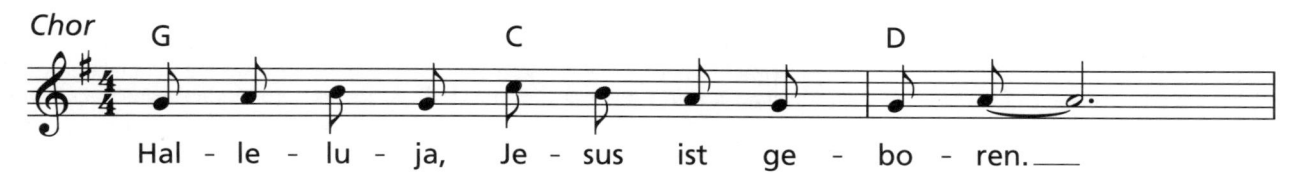

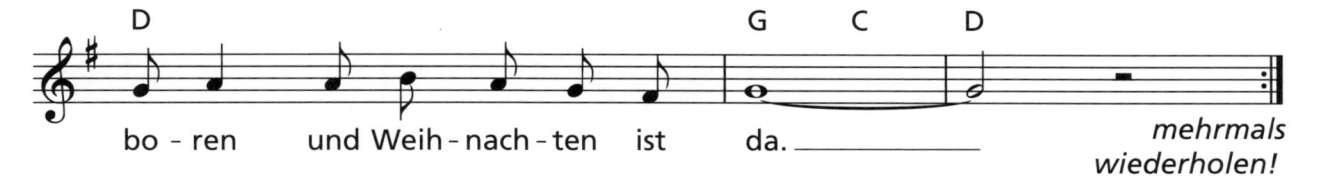

Chor

Hal-le-lu-ja, Je-sus ist ge-bo-ren.
Hal-le-lu-ja, Got-tes Sohn ist da! Hal-le-lu-ja, Je-sus ist ge-bo-ren und Weih-nach-ten ist da.

mehrmals wiederholen!

ADVENTSKONZERT, KRIPPENSPIEL UND THEATER

Der Weihnachtstraum

Katja Vau-Reichardt

Ein Theaterstück frei nach Motiven aus dem Ballett „Der Nussknacker"

Für die Weihnachtsfeier suchen viele Kolleginnen und Kollegen noch nach einem geeigneten Theaterstück für eine Aufführung. Das folgende Stück könnte die Lösung sein.

Das Stück „Der Weihnachtstraum" (siehe S. 115) ist für Klassen der Jahrgangsstufe 3 und 4 geeignet, besteht aus pantomimischen, dialogischen und tänzerischen Teilen und spricht somit viele Kinder an. Sie können sich je nach Vorliebe für eine der Anforderungen entscheiden. Für die Aufführung werden nicht viele Requisiten benötigt. Sie können ebenso wie die Kostümierung weitgehend der Eigeninitiative und Fantasie der Kinder überlassen werden. Benötigt werden in jedem Fall eine große Kiste, ein Umzugskarton oder der Verpackungskarton eines großen Elektrogerätes, in dem sich der lebendige Nussknacker verstecken kann. Außerdem braucht man einen echten, möglichst großen Nussknacker sowie einen Weihnachtsbaum oder Tannenstrauß, der während der Ouvertüre von den Dienern geschmückt wird. Alle anderen benötigten Requisiten, zum Beispiel für die backende Köchin, können die Kinder bei den ersten Proben festlegen. Die tanzenden Nussknacker sollten eine einheitliche Kostümierung, zum Beispiel dunkle/schwarze Hose, rotes Oberteil, schwarzer Gürtel und dunkle/schwarze Schuhe oder Stiefel haben.

Der Umfang des Stückes ist so angelegt, dass es reicht, sich wirklich erst in der Adventszeit damit zu befassen und nicht schon Wochen im Vorfeld.

Vor dem Verteilen der Rollen sollten der Tanz, einzelne Stücke der Pantomime und die Dialoge allen Kindern vorgestellt werden bzw. von ihnen ausprobiert werden, damit die Kinder besser einschätzen können, welche Anforderungen die einzelnen Rollen stellen. Einige Teile des Theaterstückes können auch offener und mit mehr Planungsanteil der Kinder umgesetzt werden: Je nach Vorerfahrungen der Klasse bietet es sich an, die Ouvertüre, die pantomimisch gespielt wird, mit den Kindern gemeinsam zu planen und nach eigenen Vorstellungen zu gestalten. Dann benötigen die Kinder jedoch vor dem Hören der Musik die Informationen, dass es sich um Heiligabend handelt und dass die Geschichte um 1890 spielt, zu einer Zeit, als reiche Leute noch Dienstboten hatten. Die Kinder sollten dann angeregt werden, zu überlegen, welche Arbeiten im Haushalt noch zu verrichten sind und was die Kinder in der Zeit machen bzw. anstellen könnten. Dabei können sich auch sehr interessante Gespräche darüber entwickeln, welche Rituale es in den einzelnen Familien der Kinder gibt.

Ebenso können einige Kinder – entweder in Gruppen oder als Auftrag für einzelne Schüler – den ersten Dialog (Gespräch zwischen Vater und Kindern) selbst schreiben. Dann sollten der Anfang und das Ende inhaltlich klar umrissen werden: Der Vater schimpft, weil die Kinder alle bei den Vorbereitungen stören. Am Ende des Gespräches bekommen sie den Schlüssel für den Dachboden. Selbst geschriebene Texte (die ggf. nach Absprache vom Lehrer noch einmal überarbeitet werden können) motivieren die Kinder erfahrungsgemäß sehr.

Der Weihnachtstraum

Das Stück ist in dieser Version für 25 Kinder gedacht. Benötigt man mehr Rollen, so können zwei Zimmermädchen, zwei Köchinnen etc. auftreten. Wenn in der Klasse weniger Kinder sind, kann man das Stück kürzen und beispielsweise die Szene mit dem Postboten weglassen.

Inhalt

Im Haus einer reichen Familie werden die letzten Weihnachtsvorbereitungen getroffen: Die Diener schmücken den Weihnachtsbaum, der Postbote bringt Weihnachtspäckchen, die vom Zimmermädchen angenommen werden, die Köchin backt und kocht das Weihnachtsessen. Die beiden Kinder der Familie langweilen sich und stören alle bei der Arbeit. Der Vater ruft sie zur Ordnung und gibt ihnen den Schlüssel zum Dachboden, auf dem sich die Kinder gern aufhalten. Dort entdecken sie eine Kiste mit einem Nussknacker, mit dem sie spielen. Dabei schlafen sie ein und träumen, dass sie den Nussknacker erlöst haben und er ihnen zum Dank sein Nussknackervolk vorstellt. Die Nussknacker tanzen ihnen zu Ehren einen Tanz. Vom Rufen der Mutter werden sie wieder geweckt – nun wird Weihnachten gefeiert.

Bühnenaufbau

Die Bühne – in der Regel wohl ein Teil der Klasse – muss folgendermaßen vorbereitet sein: Hinten steht der Weihnachtsbaum, der noch geschmückt wird. An der einen Seite steht ein kleiner Tisch, an dem die Köchin arbeiten kann. Der Vater sitzt mit einer Zeitung in einer Ecke. Die andere Seite der Bühne ist der Dachboden. Mit sehr wenig Mühe kann man hier eine kleine Kulisse herstellen: Auf zwei große Bögen Packpapier werden mit schwarzem Edding einige Deckenbalken sowie ein alter Schrank, außerdem Spinnennetze aufgemalt. Die Kiste mit dem lebendigen Nussknacker steht auf einem Tisch, der so groß ist, dass die beiden Kinder sich noch auf den Rand setzen können. So sind sie besser zu sehen.

Musik

Man benötigt die Musik „Der Nussknacker" von *Peter Tschaikowsky*, und zwar die Stücke: Ouvertüre, Blumenwalzer, Trepak, Tanz der Zuckermandelfee.

Die Zeitangaben im Skript des Theaterstückes geben an, an welcher Stelle der Musik welche Handlung erfolgt.

Mitspieler

Rolle	Anforderungen
Diener	Pantomime
zwei Kinder	Pantomime, Dialog
Postbote	Pantomime
Zimmermädchen	Pantomime
Köchin	Pantomime
Vater	Dialog
Nussknacker	Dialog
16 tanzende Nussknacker	Tanz
Mutter	Dialog

Skript
Im Wohnzimmer:
Musik:
„Ouvertüre" aus „Der Nussknacker"
Pantomime:
weihnachtliche Vorbereitungen

- Der Postbote bringt Pakete (0:08); das Zimmermädchen nimmt die Pakete entgegen (0:18); die Kinder kommen rein und wollen die Pakete öffnen (0:25); das Zimmermädchen verscheucht die Kinder, legt die Pakete ab; die Kinder gehen raus (0:34); das Zimmermädchen verlässt den Raum (0:41).
- Zwei Bedienstete kommen dazu und schmücken den Weihnachtsbaum (0:46); die Kinder kommen rein, bewundern den Baum und stören beim Schmücken (1:13); die Kinder und die Bediensteten gehen wieder raus (1:50).
- Die Köchin setzt sich an den Tisch und backt (2:07); die Kinder kommen und wollen naschen (2:38), die Köchin geht raus (3:08).

Ende der Musik.

Dialog:
Vater (sitzt schon die ganze Zeit in der Ecke und liest Zeitung): „Lisa und Marie, kommt einmal zu mir."
Lisa, schuldbewusst: „Was ist denn, Papa?"
Vater: „Ihr könnt hier nicht die ganze Zeit herumlaufen und alle bei der Arbeit stören."
Marie: „Aber wir sind so aufgeregt und wissen gar nicht, was wir tun sollen."
Vater: „Warum lest ihr nicht ein bisschen, so wie ich?"
Lisa: „Och, lesen, das ist doch jetzt langweilig."
Vater: „Dann malt ein schönes Bild für das Christkind."
Marie: „Ich habe dem Christkind erst heute Morgen ein Bild gemalt."
Vater: „Ich habe eine Idee: Ich gebe euch den Schlüssel für den Dachboden, dann könnt ihr dort oben spielen – das macht ihr doch so gerne."
Lisa: „Au ja!"
Marie: „Klasse, Papa!"
Vater: „Aber macht euch nicht schmutzig, ihr habt schon eure guten Sachen an."
Lisa und Marie (im Losgehen): „Keine Sorge, wir passen auf."
Beide gehen zum Dachboden.

Auf dem Dachboden:
Dialog:
Lisa: „Hier ist es aber dunkel. Mach doch mal Licht."
Marie (hält eine Laterne hoch): „Komm, lass uns in den alten Sachen stöbern. Diese Kiste kenne ich gar nicht."
(Pustet den Staub weg) „Huh, alles voller Staub."
Lisa: „Mach sie doch auf!"
Marie: „Geht nicht, sie klemmt, hilf mir mal! Eins – zwei – drei!"
(beide öffnen die Kiste, Marie holt einen Nussknacker heraus)
Marie: „Schau mal, ein Nussknacker!"
Lisa: „Oh, ist der schön, gib ihn mir mal!"

Pantomime:
Die beiden Kinder spielen mit dem Nussknacker, Musik ertönt: „Blumenwalzer" aus „Der Nussknacker".
Die Kinder gähnen, legen den Nussknacker auf den Tisch und schlafen ein (0:20). Der Nussknacker wird lebendig und steigt aus der Kiste.
Musik aus.

Dialog:
Nussknacker: „Marie, Lisa, wacht auf!"
Marie: „Das gibts doch gar nicht, der Nussknacker …"
Lisa: „Du bist ja lebendig."
Nussknacker: „Vor vielen Jahren wurde ich vom Mäusekönig verzaubert. Ihr beide habt mich gefunden und erlöst. Zum Dank stelle ich euch das Volk der Nussknacker vor."

Tanz:
Musik: „Marsch" aus „Der Nussknacker"
16 Nussknacker marschieren ein und stellen sich auf.

Musik: „Trepak" aus „Der Nussknacker"
Die 16 Nussknacker tanzen in Vierer-Reihen (siehe S. 46–49).

Lisa und Marie klatschen.
Beide: „Das war aber schön."

Pantomime:
Musik: „Tanz der Zuckermandelfee" aus „Der Nussknacker"
Die Nussknacker schleichen sich leise heraus.
Lisa und Marie schlafen wieder ein.
Musik aus.

Dialog:
Mutter (vor der Tür): „Lisa, Marie, wo seid ihr? Lisa? Marie!"
(Kinder recken sich, erwachen)
Lisa: „Marie, wo ist der Nussknacker? Eben war er doch noch da. Hier ist nur noch der Nussknacker aus Holz." (nimmt ihn in die Hand)
Marie: „Und wo sind alle anderen Nussknacker?"
Lisa: „Ob wir nur geträumt haben?"
Marie: „Das wäre aber merkwürdig, wenn wir beide das Gleiche geträumt hätten. Aber wer weiß, heute ist ja Heiligabend."
Lisa: „Eins weiß ich jetzt schon genau: Nächstes Jahr kommen wir wieder hierher, vielleicht kommt der Nussknacker ja nochmal."
(das Weihnachtsglöckchen bimmelt)
Mutter (öffnet die Tür) ruft: „Lisa, Marie, wo bleibt ihr denn? Das Christkind war da."
Beide: „Wir kommen schon." (laufen ins Wohnzimmer)

Trepak – der russische Tanz

Der Trepak dauert nur 1 Minute und 12 Sekunden und gliedert sich in 10 1/2 Einheiten mit je vier „Takten", wobei jeder „Takt" vier schnelle Schläge hat.
Pro Einheit wird also gezählt: 1-2-3-4, 1-2-3-4, 1-2-3-4

Grundaufstellung der Kinder:

16 15 14 13 — 4. Reihe 12 11 10 9 — 3. Reihe 8 7 6 5 — 2. Reihe 4 3 2 1 — 1. Reihe		Fußstellung geschlossen, Körperspannung, Arme seitlich in die Hüften gestützt

1. Einheit: 1. Reihe

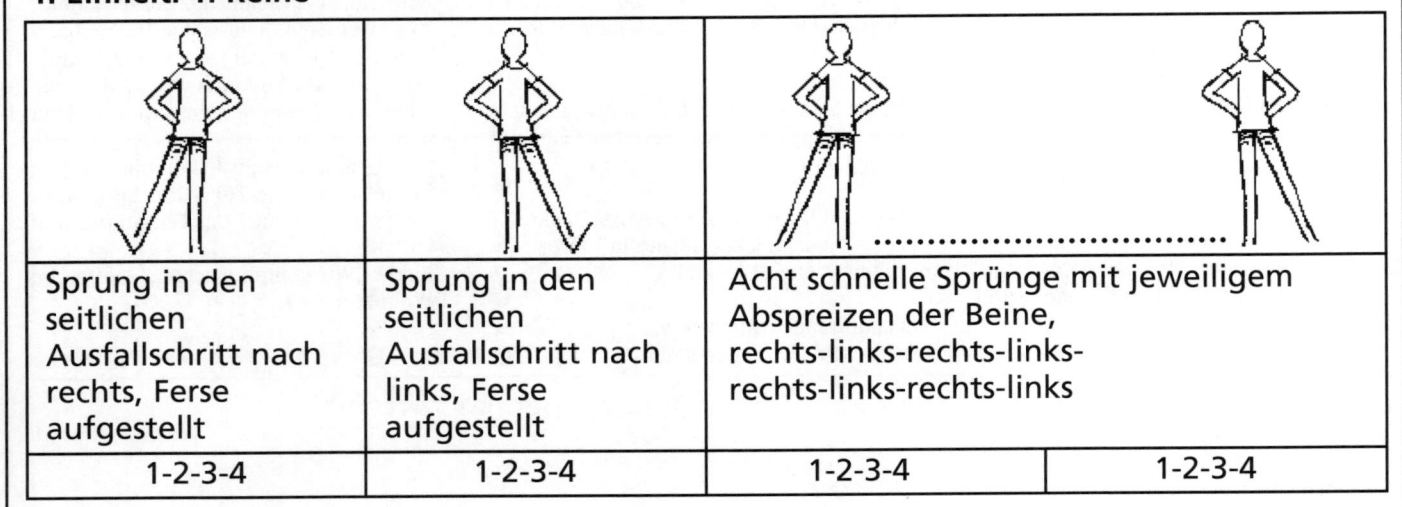

Sprung in den seitlichen Ausfallschritt nach rechts, Ferse aufgestellt	Sprung in den seitlichen Ausfallschritt nach links, Ferse aufgestellt	Acht schnelle Sprünge mit jeweiligem Abspreizen der Beine, rechts-links-rechts-links-rechts-links-rechts-links	
1-2-3-4	1-2-3-4	1-2-3-4	1-2-3-4

2. Einheit: 1. und 2. Reihe
Wiederholung der Bewegung der 1. Einheit

3. Einheit: 1., 2. und 3. Reihe der 1. Einheit
Wiederholung der Bewegung der 1. Einheit

4. Einheit: alle
Wiederholung der Bewegung der 1. Einheit

5. Einheit: alle

Die voreinander stehenden Paare 1 und 5, 9 und 13, 3 und 7, 11 und 15 marschieren einmal mit Blick nach vorn im Uhrzeigersinn umeinander herum.		Die voreinander stehenden Paare 2 und 6, 10 und 14, 4 und 8, 12 und 16 marschieren einmal mit Blick nach vorn im Uhrzeigersinn umeinander herum.	
1-2-3-4	1-2-3-4	1-2-3-4	1-2-3-4

Der Weihnachtstraum — M 2

6. Einheit: alle

Die voreinander stehenden Paare 1 und 5, 9 und 13, 3 und 7, 11 und 15 marschieren einmal mit Blick nach vorn im Uhrzeigersinn umeinander herum.		Die voreinander stehenden Paare 2 und 6, 10 und 14, 4 und 8, 12 und 16 marschieren einmal mit Blick nach vorn im Uhrzeigersinn umeinander herum.	
1-2-3-4	1-2-3-4	1-2-3-4	1-2-3-4

7. Einheit: alle

Alle suchen wieder ihre Positionen.		Alle wippen im Takt mit.	
1-2-3-4	1-2-3-4	1-2-3-4	1-2-3-4

8. Einheit: 1. und 2. Reihe

Sprung in den seitlichen Ausfallschritt nach rechts, Ferse aufgestellt	Sprung in den seitlichen Ausfallschritt nach links, Ferse aufgestellt	Acht schnelle Sprünge mit jeweiligem Abspreizen der Beine, rechts-links-rechts-links-rechts-links-rechts-links	
1-2-3-4	1-2-3-4	1-2-3-4	1-2-3-4

Der Weihnachtstraum — M 3

9. Einheit: alle Wiederholung der 8. Einheit

Sprung in den seitlichen Ausfallschritt nach rechts, Ferse aufgestellt	Sprung in den seitlichen Ausfallschritt nach links, Ferse aufgestellt	Acht schnelle Sprünge mit jeweiligem Abspreizen der Beine, rechts-links-rechts-links-rechts-links-rechts-links	
1-2-3-4	1-2-3-4	1-2-3-4	1-2-3-4

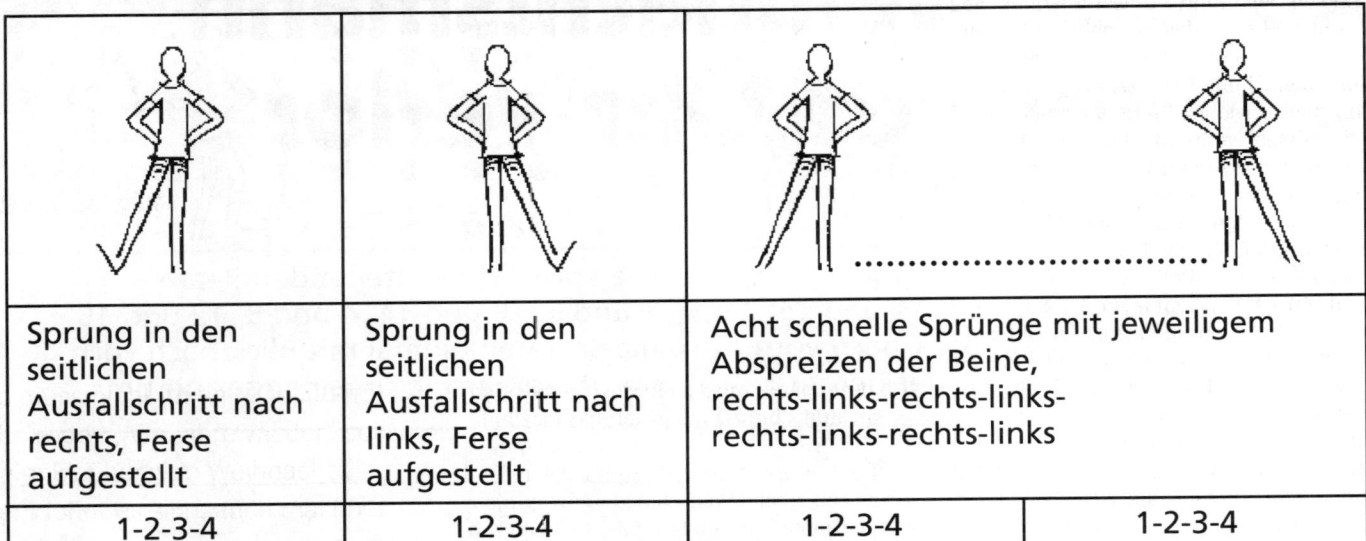

10. Einheit: alle

4. Reihe	4. Reihe	4. Reihe				
3. Reihe	3. Reihe	3. Reihe 2 x				
2. Reihe	2. Reihe 2 x	2. Reihe 2 x				
1. Reihe 2 x	1. Reihe 2 x	1. Reihe 2 x				

Fortführen der schnellen Sprünge: Insgesamt 24 schnelle Sprünge mit jeweiligem Abspreizen der Beine: rechts-links-rechts-links usw.

1. Reihe: Kinder winken je zweimal mit erhobenen Armen.	1., 2. Reihe: Kinder winken je zweimal mit erhobenen Armen.	1.,2.,3. Reihe: Kinder winken je zweimal mit erhobenen Armen.	1.,2.,3. und 4. Reihe: Kinder winken je sechsmal mit erhobenen Armen.			
1-2-3-4	1-2-3-4	1-2-3-4	1-2-3-4	1-2-3-4	1-2-3-4	

ADVENTSKONZERT, KRIPPENSPIEL UND THEATER

Als der Weihnachtsmann sein rechtes Ohr verlor

LIANE KUHLE

Es spielen mit:
- Weihnachtsmann
- Primus
- Servus
- Angelo
- Angela
- Optimus
- drei Kinder
- drei Kichererbsen
- Christina

Ein Stück für 13 Kinder – erweiterbar durch Texte im Chor gesprochen

1. Szene

Das Büro des Weihnachtsmanns. Primus schreibt einen Brief auf der Schreibmaschine. Servus ordnet Bücher. Angelo und Angela helfen dabei, als das Telefon klingelt.

Primus: „Ja bitte? Hier Bürovorsteher Primus von der Weihnachtsvorbereitungsstation."
springt auf
„Was? Das ist ja schlimm – schlimm, schlimm, schlimm …
Ja, sagen Sie dem Weihnachtsmann, er möchte so schnell wie möglich hierher kommen!
Wir werden den Fall überprüfen!"
legt auf und seufzt tief.
„Ohje, ohje …!"

Servus: *eilt herbei*
„Ist etwas passiert, Herr Primus?"

Primus: „Ja, Herr Servus, etwas Fürchterliches! So etwas ist im Himmel seit 100.000 Jahren nicht vorgekommen!"

Angelo und Angela: *eilen herbei*
„Ist etwas passiert, Herr Primus?"

Primus: *düster*
„Der Weihnachtsmann …"

ADVENTSKONZERT, KRIPPENSPIEL UND THEATER

Servus, Angelo + Angela: „Der Weihnachtsmann?"

Primus: „... hat sein rechtes Ohr verloren! Es ist einfach verschwunden! Wie weggeblasen ist es!"

Angelo: „Ist das denn schlimm?"

Servus: „Und ob das schlimm ist, du Naseweis!"

Primus: „Ausgerechnet das rechte Ohr!"

Angela: „Ist das denn schlimmer als das linke?"

Servus: „Na klar, du Dreikäsehoch! Mit dem rechten Ohr hört der Weihnachtsmann alles Gute, was auf der Welt gesprochen wird, jedes Lob, jedes Dankeschön, alle lieben Worte, die auf der Welt gesprochen werden!"

Angelo: „Und mit dem linken, was hört er da?"

Servus: *mit Nachdruck, streng*
„Damit hört er alle bösen Worte, jeden Streit, wenn Menschen sich anschreien oder Schimpfworte benutzen."

Angelo + Angela: „Ohje!"

Servus: „Weiß denn niemand, wo das Ohr ist?"

Primus: „Bis jetzt nicht - aber wir müssen der Sache nachgehen!" *schaut sich um*
„Schnell, macht Ordnung, der Weihnachtsmann muss jeden Augenblick hier sein!"
Die beiden Engel + Servus beginnen geschäftig aufzuräumen

2.Szene

der Weihnachtsmann kommt herein und hält sich sein rechtes Ohr, das verbunden ist

Weihnachtsmann: „Ich halt's bald nicht mehr aus!"

Angelo: „Ach, du armer Weihnachtsmann."

Angela: *nimmt ihr Bonbon aus dem Mund und hält es dem Weihnachtsmann hin*
„Hier, möchtest du mein Bonbon haben?"

Weihnachtsmann: „Oh, äh, nein danke, ist nett von dir!"

Angelo:	„Tut es denn sehr weh?"
Weihnachtsmann:	„Nein, überhaupt nicht, aber ich halte es trotzdem kaum noch aus!"
Servus:	„Warum denn das, Herr Weihnachtsmann?"
Weihnachtsmann:	„Ich höre doch mit dem linken Ohr nichts anderes als Schimpfen und Klagen und wieder Schimpfen! Es ist zum Verzweifeln! Auf der Erde geht es wirklich böse zu, das kann ich euch sagen!"
Primus:	*greift zum Telefonhörer* „Ich merke schon, da muss sofort etwas passieren ..." *spricht in den Hörer:* „Hallo, hier Weihnachtsvorbereitungsstation, Primus an alle: Alarmstufe 1, der Weihnachtsmann hat rechtes Ohr verloren! Beobachtungsposten Optimus bitte kommen!

3. Szene

herein kommt der Erdbeobachter Optimus

Optimus:	„Kaum gewünscht, schon gekommen! Bitte, Herr Bürovorsteher, verfügen Sie über mich!"
Primus:	„Der Herr Beobachter Optimus, haben Sie vielleicht beobachtet, wodurch der Weihnachtsmann sein Ohr verloren hat?"
Optimus:	„Sein rechtes Ohr! Natürlich habe ich das beobachtet. Schlimm, schlimm ist das! Kein Respekt mehr vor dem Weihnachtsmann!"
Weihnachtsmann:	„Was hat denn mein Ohr mit Respekt zu tun?"
Optimus:	„Doch, doch, lieber Weihnachtsmann, das Ganze kam dadurch, dass diese drei Kichererbsen Sie ausgelacht haben!"
Servus:	„Ausgelacht?"
Primus:	„Reden Sie nicht dazwischen, Herr Servus! Herr Optimus erzählen Sie, wie war das denn nun?"
Optimus:	„Ja also, diese drei albernen Gänse hörten in der Schule eine Weihnachtsgeschichte und weil sie gar nicht an den Weihnachtsmann glauben und zu Weihnachten nur an Geschenke und Gänsebraten denken, haben sie so gelacht ... dass ..."
Alle:	„Ja, was erzählen Sie?"
Optimus:	„Ja, dass sie dem Weihnachtsmann das rechte Ohr abgelacht haben ..."

ADVENTSKONZERT, KRIPPENSPIEL UND THEATER

Weihnachtsmann: „Was!!!"

Servus: „Ja und was können wir jetzt tun?"

Optimus: „Wir müssen ein Kind finden, das an den Weihnachtsmann glaubt und an das Gute und Friedvolle in der Weihnachtszeit!"

Weihnachtsmann: „Gut, ich werde mich sofort auf die Erde begeben, um dieses Kind zu finden, wird ja wohl nicht so schwer sein."

Optimus: „Nicht nötig, Herr Weihnachtsmann, wir lassen die Kinder hierher kommen!"

Servus + Optimus: „Hierher? Wie ist das denn möglich?"

Optimus: „Ganz einfach: wir lassen sie im Traum erscheinen."

4. Szene

herein kommt das erste Kind

Optimus: „Sehen Sie, da kommt ja schon das erste Kind."

Weihnachtsmann: „Hallo, mein Junge, wer bist du denn?"

1. Kind: „Ich bin Daniel, wer bist du?"

Weihnachtsmann: „Na, siehst du das denn nicht? Ich bin der Weihnachtsmann!"

1. Kind: „Der Weihnachtsmann? – Ha, ha, ha, welcher Weihnachtsmann?"

Weihnachtsmann: „Na, Du siehst doch, dass ich vor dir stehe."

1. Kind: „So'n Quatsch, Weihnachtsmann! Dass ich nicht lache in der ganzen Stadt laufen so wie du verkleidete Weihnachtsmänner herum."

Servus: „Nun werde mal nicht frech, Daniel!"

führt das erste Kind von der Bühne

Weihnachtsmann: „Ich sehe schon, die Erdenbewohner haben wirklich wenig Respekt vor mir."

5. Szene

herein kommt das zweite Kind

Optimus:	„Da kommt schon das nächste Kind."
2. Kind:	„Hallo Opa!"
Weihnachtsmann:	„Opa? – Wieso nennst du mich Opa?"
2. Kind:	„Na Opa, du verkleidest dich doch jedes Jahr als Weihnachtsmann, meinst du, das hätte ich nicht gemerkt?"
Primus:	„Komm, geh' mal wieder nach Hause." *zum Publikum:* „Kein Respekt vor dem Weihnachtsmann." *Kopfschütteln*

6. Szene

Weihnachtsmann:	„Nein, ich sehe schon, kein Mensch hat mehr Respekt vor dem Weihnachtsmann, ich bekomme mein rechtes Ohr nie wieder!"
Optimus:	„Moment, Herr Weihnachtsmann, da kommt ja noch ein Kind."

das dritte Kind tritt auf

3. Kind:	„Hallo Weihnachtsmann!"
Weihnachtsmann:	„Oh, du hast mich gleich erkannt?"
3. Kind:	„Ha, ha, ha, große Schwester, kannst die Maske jetzt ablegen!"
Weihnachtsmann:	„Große Schwester?"
3. Kind:	„Na, weißt du nicht mehr, als du dir im letzten Jahr den Bart verbrannt hast? Ha ha."
Optimus:	„Komm, geh' nach Hause!"

das dritte Kind geht von der Bühne

ADVENTSKONZERT, KRIPPENSPIEL UND THEATER

7. Szene

alle Himmelsbewohner sitzen da mit betroffenen Gesichtern

Optimus: „Und jetzt bringe ich Ihnen die Schuldigen!"

es treten auf: drei Mädchen, kichernd

3 Kichererbsen: „Ha. ha, ha, hi, hi, hi, war das lustig ..."

Servus: *streng* „Was war lustig?"

3 Kichererbsen: „... als unsere Lehrerin versucht hat, uns zu erzählen, dass es den Weihnachtsmann gibt – hi, hi, hi."

Primus: „Was war daran lustig?"

3 Kichererbsen: „Na, die Geschenke!"

Servus: „Was war an den Geschenken lustig?"

3 Kichererbsen: „Na, dass Weihnachten noch eine andere Bedeutung haben soll, als eben die Geschenke!"

1. Kichererbse: „Wir fliegen nach Mallorca."

2. Kichererbse: „Ich bekomme eine Barbie."

3. Kichererbse: „Und ich einen eigenen Fernseher!"

die drei Kichererbsen kichern

Weihnachtsmann: *verzweifelt* „Ich geb's auf!"

die anderen: „Wir auch!"

Optimus: „Kommt, geht nach Hause."

die drei Kichererbsen gehen mit Lachen von der Bühne

8. Szene

alle Himmelsbewohner sitzen mit verzweifelten Gesichtern da

Weihnachtsmann: „Nie, nie bekomme ich mein Ohr zurück, eher wird mir mein linkes Ohr auch noch abgelacht."

Optimus: „Moment, Moment! Ich sehe gerade, dass noch ein Kind kommt, völlig freiwillig, ohne dass wir es gerufen haben."

Christina: „Hallo, ist da der Weihnachtsmann?"

Weihnachtsmann: „Ja, hallo, hier bin ich!"

Christina: „Herr Weihnachtsmann, gut, dass ich Sie erreiche. Ich möchte auch gar keine Geschenke."

Weihnachtsmann: „Was möchtest du denn?"

Christina: „Bitte mach meinen kleinen Bruder gesund."

Weihnachtsmann: „Und du glaubst, dass ich das kann?"

Christina: „Wenn das jemand kann, bist du es, Weihnachtsmann!"

Weihnachtsmann: „Ich werde mein Bestes versuchen und ich höre, ich höre, mein rechtes Ohr juckt. Ich höre Glocken und aha, ich höre wieder die frohe Botschaft!"

Alle singen: „O, du Fröhliche!"

ADVENTSKONZERT, KRIPPENSPIEL UND THEATER

Weihnachtsmode

LIANE KUHLE

Es spielen mit: 6 Weihnachtsmänner (W 1–6)
3 Kinder (K 1–3)
2 Postboten (P 1–2)

10 beliebig viele Kinder (Gruppe erweiterbar)

Es treten auf: sechs Weihnachtsmänner in einer Reihe stehend singen:

Weihnachtsmännerblues:
Das ist der Weihnachtsmännerblues
Wir haben viel zu kleine Shoes.
Und unsere roten Mäntelein,
da schneit' und regnet's immer rein.
Selbst unsre Mützen sind zu groß,
mal ganz zu schweigen von der Hos ...
das ist der Weihnachtsmännerblues.

alle setzen sich an einen langen Tisch mit Blick zum Publikum

1. Szene

W1: „Hallo Jungs. Ich begrüße euch zur diesjährigen Weihnachtsmännerkonferenz."

W2/3/4: „Hallo Chef! Moin! Tagchen!"

W1: „Also, wir sind zusammen gekommen, um zu beraten, was wir den Kindern in diesem Jahr schenken wollen."

W2/3/4: „So ist es! Genau! Jawohl!"

W1: „Und da habe ich mir Folgendes überlegt ..."

W2/3/4: „Ja? Was denn? Schieß los!"

W1: „Guckt doch mal eure Kostüme an, wie wir alle aussehen ..."

alle gucken an sich hinunter

W1: Oh je! Sieht nicht gut aus! Alles zu klein! Abgewetzt! Schäbig! Aus der Mode!"
„Na, das meine ich doch: Abgewetzt, schäbig, aus der Mode!
Was sollen die Kinder von uns denken, so wie wir aussehen?"

W2/3/4: „Oh je, genau! Stimmt!"

W1:	„Was wollen wir dagegen tun? Hat jemand eine Idee?"
W5:	„Ja, ich! Ich habe eine gute Idee: Wie wär's, wenn wir in diesem Jahr nicht den Kindern, sondern uns selbst etwas schenken und zwar ein neues Weihnachtsmannoutfit."
W6:	„Ja, Mann, das klingt gut! Die Kinder haben doch sowieso schon alles! Hier lest euch mal die Wunschzettel durch: „Ich hätte so gern noch eine Playstation, ein neues Handy, die Popstarbarbie, ach die Kinder brauchen Weihnachten nicht mehr. Die bekommen ja das ganz Jahr über alle Wünsche von ihren Eltern erfüllt."
W2/3/4:	„So sehe ich das auch! Stimmt! Genauso ist das!"
W1:	„Dann lasst uns abstimmen. Wer ist dafür, dass wir in diesem Jahr nicht die Kinder bescheren, sondern uns selbst?"

alle Weihnachtsmänner heben die Hand

Alle:	„So machen wir's!"
W5:	„Los, komm, wir holen gleich mal den Versandkatalog für Weihnachtsmännermode."
W6:	„Genau, von Versace."

2. Szene

vier Weihnachtsmänner sind auf der Bühne verteilt und vertreiben sich die Zeit mit Lesen, Würfeln, Karten spielen usw.; es klingelt

W1:	„Wer kann das sein?"
W2/3/4:	„Oh, bestimmt ist das die Post! Ich schaue mal nach! Und ich komme mit!"
P 1/2:	„Die Post ist da. Wir hätten hier eine größere Lieferung der neuesten Weihnachtsmannmoden."

alle stürzen sich auf die Postboten

W 2/3/4:	„Zeig mal! Wo sind meine neuen Stiefel? Mein Gürtel? Meine Fellmütze?"

alle Weihnachtsmänner suchen in großen Paketen nach ihren neuen Sachen, kleiden sich an und betrachten sich im Spiegel

W1:	„Na, wie sehe ich aus?"
W2/3/4:	„Toll! Super! Spitze!"
W1:	„Das war ja gerade noch einmal rechtzeitig, einen Tag vor dem Heiligen Abend. Wollen wir denn mal gucken, was die Kinder machen?"
W2/3/4:	„Au ja, gute Idee, los geht's." *alle Weihnachtsmänner verlassen die Bühne*

ADVENTSKONZERT, KRIPPENSPIEL UND THEATER

3. Szene

alle Weihnachtsmänner schleichen durch die Stadt und schauen durch die Fenster; sie sehen an einem Tisch zusammengerückt drei Kinder <sie können auch durch ein ‚magisches Teleskop' schauen>

K1: „Oh je, wie gut, dass morgen Weihnachten ist. Mir ist so kalt!"

K2: „Und ich hab solchen Hunger!"

K3: „Ja, ihr habt recht. Morgen bekommen wir sicher Lebkuchen zum Sattessen vom Weihnachtsmann ..."

K1: „... und einen warmen Pullover ..."

K2: „... und einen Schal ..."

K3: „... Hoffentlich!"

die Weihnachtsmänner sehen sich betroffen an

W1: „Habt ihr das gewusst, dass es auf der Erde auch so arme Kinder gibt?"

W2: „Nein, das ist ja schrecklich! Ich werde ihnen morgen meinen neuen Pullover bringen."

W3: „Und ich eine Weihnachtsgans und meine neue Mütze."

W4: „Und ich ganz viele Süßigkeiten und meinen neuen Schal."

K1: „Kommt wir rücken näher zusammen, dann ist es nicht so kalt."

K2: „Ja, kommt, wir wärmen uns an der Kerze!"

K3: „Ich habe noch einen Spekulatius aufgehoben, den können wir uns teilen."

K1: „Wie gut, dass morgen Weihnachten ist."

4. Szene

Alle Weihnachtsmänner sitzen wieder an ihrem Konferenztisch.
W1 läutet mit einer großen Glocke.

W1:	„Ruhe bitte! Es ist etwas sehr Ernstes passiert. Wir müssen uns noch mal besprechen."
W 2/3/4:	„Ja, Chef Du hast recht! Fang an!"
W1:	„Wir waren ja nun gestern auf der Erde, um nachzusehen, was die Kinder so treiben."
W2/3/4:	„Ja, Chef! So war es! Genau!"
W1:	„Und was ist euch aufgefallen?"
W2/3/4:	„Hunger! Kälte! Traurige Kinder!"
W5:	„Ja, es haben gar nicht alle Kinder genug zu essen!"
W6:	„Nein, es gibt welche, die müssen hungern und frieren und haben nichts zum Spielen."
W1:	„Genau! Wir haben die Wunschzettel nicht genau genug gelesen."
W2/3/4:	„Nein, das haben wir nicht! Wir haben uns geirrt! Fast hätten wir einen riesigen Fehler gemacht!"
W1:	„Und, was schlagt ihr jetzt vor?"
W5:	„Wir spannen die Rentiere an und bringen den Kindern unsere neuen Mäntel, Schuhe und Mützen."
W6:	„Genau, wir bringen ihnen alle unsere neuen Sachen. Und noch dazu Spielzeug, Süßes, so wie es immer war."
W1:	„Denn worauf kommt es an zu Weihnachten?"
Alle:	„Dass alle Kinder glücklich sind!"

Alle Weihnachtsmänner singen:

> Das ist der Weihnachtsmännerblues,
> wir brauchen keine neuen Shoes
> Und unsre alten Mäntelein,
> da passen wir noch alle rein!
> Auch unsre Mützen sind OK.
> Wir bleiben so wie eh und je.
> Yeah, Yeah, Yeah!

IMPRESSUM

Lesen Sie weiter

MARTIN KOHN
Ein Tag wie kein anderer
Besondere Erlebnisse in der Schule

Außergewöhnliche Momente machen die Schulzeit zu einem unvergesslichen Abschnitt im Leben. Zu besonderen Ereignissen wie Weihnachten, Ostern, Karneval aber auch zu Klassenfahrten, Ausflügen, Lesenächten im Klassenzimmer, Schulfesten, Projektwochen oder Sozialisationstagen werden viele praktische Anregungen und Tipps gegeben, wie „Ein Tag wie kein anderer" in der Schule umgesetzt werden kann.

ISBN: 978-3-14-162132-7

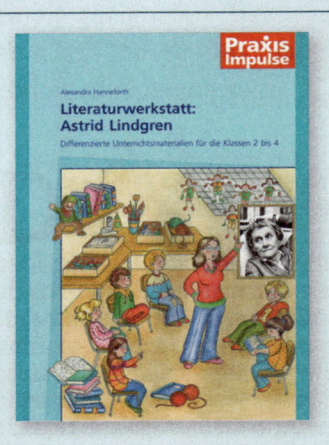

ALEXANDRA HANNEFORTH
Literaturwerkstatt: Astrid Lindgren
Differenzierte Unterrichtsmaterialien für die Klassen 1 bis 4

Astrid Lindgren ist eine der bekanntesten und beliebtesten Kinderbuchautorinnen. Pippi Langstrumpf, Michel aus Lönneberga und Karlsson vom Dach gehören zu den Kinderbuchklassikern und begeistern Jung und Alt. Durch kleine Leseproben und zahlreiche Bastelaufgaben wird Astrid Lindgrens Bücherwelt für die Kinder lebendig und die Vielfältigkeit ihres künstlerischen Schaffens deutlich. Die handlungsorientierten Angebote sind zweifach differenziert.

ISBN: 978-3-14-163055-8

ASTRID JAHNS
Kunst für Kids
Kunstkartei für die Grundschule

Neue Ideen für den Kunstunterricht gesucht? Diese Kunstkartei bietet kreative, ungewöhnliche, aber unaufwendige Projektideen für die Grundschule. Neben Ideen zur Farbenlehre, zu Mal- und Auftragstechniken, zu Collagen und Objekten finden sich vor allem auch Unterrichtsimpulse zu Bildbetrachtungen und Künstlern sowie zahlreiche Experimente mit Farbe und Techniken.

ISBN: 978-3-14-162086-3

Bestellen Sie Ihre Bücher unter verlage.westermanngruppe.de, telefonisch (0531 708-664) oder im Buchhandel.

VORSCHAU

Praxis Grundschule Extra
Bewegung in der Schule
ISBN: 978-3-14-161046-8

Impressum

Herausgeber und Verlag:
Bildungshaus Schulbuchverlage Westermann
Schroedel Diesterweg Schöningh Winklers GmbH
Georg-Westermann-Allee 66
38104 Braunschweig

Redaktion:
Uschi Pein-Schmidt
Telefon: 05305 930071
E-Mail: lektoratsickte@aol.com

Katrin Bokemeyer
Telefon: 0531 708-382
E-Mail: katrin.bokemeyer@westermanngruppe.de

Redaktionsleitung: Bernd Bredemeyer

Titel: Esther Sejtka, Ganz. Schön. Mutig., Braunschweig

Gesamtherstellung:
westermann druck GmbH, Braunschweig
ISBN: 978-3-14-161048-2

Leserservice:
Telefon: 0531 708-8631
Telefax: 0531 708-617
E-Mail: leserservice@westermanngruppe.de

Quellenverzeichnis:
In diesem Heft finden Sie Beiträge aus den folgenden Themenheften der Zeitschriften Praxis Grundschule und Grundschule:
Seite 6–12: aus Praxis Grundschule 6-2006: Mit Klassen musizieren
Seite 13–16: aus Praxis Grundschule 6-2007: Jahrgangsübergreifend unterrichten / Neues wagen, Bewährtes nutzen
Seite 17–30: aus Grundschule 11-1999: Üben im Sachunterricht: Techniken – Forschung – Motivation / Alle Jahre wieder ...
Seite 31–34: aus Grundschule 11-1997: Texte wachsen lassen und überarbeiten ...
Seite 35–39: aus Praxis Grundschule 6-2011: Denken – Rechnen – Reden / Kommunizieren im Mathematikunterricht
Seite 40–42: aus Grundschule 12-2006: Das Schulbuch neu entdecken / Vom Erzählen zum Text
Seite 43–49: aus Praxis Grundschule 6-2009: Der Winter kommt / Unterrichtsangebote aus verschiedenen Fächern
Seite 50–70: www.die-grundschule.de (Dezember 2003)
Seite 71–72: aus Praxis Grundschule 6-1999: Weihnachten interkulturell
Seite 73–74: aus Praxis Grundschule 6-1999: Weihnachten interkulturell
Seite 75–82: aus Praxis Grundschule 6-1999: Weihnachten interkulturell
Seite 83–91: aus Praxis Grundschule 6-2005: Wege zur Karte
Seite 92–97: aus Grundschule 12-2002: Besonders begabt / Unterrichtsvorbereitung
Seite 98–101: aus Grundschule 12-2002: Besonders begabt / Unterrichtsvorbereitung
Seite 102–104: Praxis Grundschule 6-1999: Weihnachten interkulturell
Seite 105–106: aus Praxis Grundschule 6-1998: Leitthema „Zeit"
Seite 107–113: www.die-grundschule.de (November 2005)
Seite 114–118: Praxis Grundschule 6-2003: Kompetenzen in Musik

Weitere Informationen zu diesen Zeitschriften:
www.die-grundschule.de/zeitschriften

www.grundschulschnueffler.de

Das Blog über Leben im Schulalltag